Reihe »BLV Garten- und Blumenpraxis«

Gartenblumen
Kakteen und andere Sukkulenten
Bonsai
Obstbaumschnitt
Obstanbau im eigenen Garten
1 × 1 der Hydrokultur
Blattpflanzen für jede Wohnung
Gemüseanbau im eigenen Garten
Steingärten
Biologischer Pflanzenschutz
Balkon- und Terrassengärten
Rosen
1 × 1 des Bio-Gärtners
Der naturgemäße Kräutergarten
Orchideen für zu Hause
Wassergärten
Gärtnern im Kleingewächshaus
Mischkulturen für Flach- und Hügelbeete
Kletterpflanzen
Die schönsten Kübelpflanzen
Hecken für jeden Garten
Nützlinge und Schädlinge im Garten
Der Weinstock am Haus
Palmen für Haus und Garten
Tiere im Gartenteich
Pflanzenvermehrung leicht gemacht
Der Nutzgarten auf dem Balkon
Bauen mit Holz und Stein
Duftpflanzen für Garten, Balkon und Terrasse
Veredeln leicht gemacht
Gemüse aus Großmutters Garten
Wildstauden
Kompost und Wurmhumus
Tierleben in unseren Gärten
Winterfahrplan für den Garten
Früchte, Gemüse und Gewürze aus dem Süden
Frische Pilze se
Der Bauerngart

Werner Dittmer

Frische Pilze selbst gezogen

Zweite, durchgesehene Auflage

BLV Garten- und Blumenpraxis

Die Deutsche Bibliothek –
CIP-Einheitsaufnahme

Dittmer, Werner:
Frische Pilze selbst gezogen /
Werner Dittmer. – 2., durchges. Aufl. –
München; Wien; Zürich: BLV, 1994
   (BLV Garten- und Blumenpraxis; 359)
   ISBN 3-405-14105-2

NE: HST; GT

Bildnachweis

Alle Fotos vom Autor außer:
Butt: 25, 34 u, 36
Gerhardt: 2, 120, 121
Komplett-Bild: 110/111
Kopp: 70, 71, 74, 89
Redeleit: 38, 91, 107 o
Reinhard: 6, 8/9, 10, 13, 18, 87, 118 o

Titelfotos: Dittmer,
vorne: Steinpilz,
hinten: Shii-Take

BLV Verlagsgesellschaft mbH
München Wien Zürich
80797 München

BLV Garten- und Blumenpraxis 359

© BLV Verlagsgesellschaft mbH,
München 1994

Das Werk einschließlich aller seiner Teile
ist urheberrechtlich geschützt. Jede
Verwertung außerhalb der engen
Grenzen des Urheberrechtsgesetzes
ist ohne Zustimmung des Verlags
unzulässig und strafbar. Das gilt
insbesondere für Vervielfältigungen,
Übersetzungen, Mikroverfilmungen und
die Einspeicherung und Verarbeitung
in elektronischen Systemen.

Lektorat: Katharina Holler
Layout: Volker Fehrenbach

Satzherstellung: Fotosatz Wirth,
Ober-Ramstadt
Druck und Bindung: R. Oldenbourg,
München

Gedruckt auf chlorfrei gebleichtem Papier

Printed in Germany · ISBN 3-405-14105-2

Inhalt

7 Vorwort

12 Einführung
Die giftigen Ungiftigen 12
Kein Männlein steht
im Walde... 17

21 Wenn Pilze »häuslich« werden
Pilzezucht aus
der Fertigpackung 21
Braunkappen (Kulturträuschlinge) 29
Heimkulturen –
»Hausmacherart« 39

59 Pilze im Garten
Erträge in der kleinsten
Ecke 59
Freilandkultur auf Strohballen – Braunkappen und
Austernpilze 60
Das Pilzbeet 85
Pilze auf Holz 88

110 Verwertung
Welche Teile werden
verwendet? 111
Trocknen 112
Einmachen 114
Pilzextrakt 115
Einfrieren 115

116 Kurzporträts
Braunkappe oder
Kulturträuschling 116
Austernpilz, Austernseitling,
auch Kalbfleischpilz 117
Shii-Take 119
Stockschwämmchen 120
Samtfußrübling,
Winterpilz 121

122 Schlußwort

123 Bezugsquellen

125 Register

Vorwort

»Alle Pilze sind eßbar – einige davon allerdings nur einmal.« Diesen auf den ersten Blick recht fröhlichen Spruch fand ich vor einiger Zeit als Poster im Büro eines Kollegen neben seinem Schreibtisch an der Wand. Makaber wird er allerdings spätestens dann, wenn sich zu Beginn einer jeden Pilzsaison in den Tageszeitungen die Schreckensmeldungen häufen, die von Vergiftungen und qualvollen Todesfällen unter den Pilzsammlern berichten. Sicher ist für diese schrecklichen Vorkommnisse in den meisten Fällen eine mangelnde Pilzkenntnis der Sammler die Ursache: Man sollte auf keinen Fall Pilze sammeln gehen, wenn man nicht sicher ist, die eßbaren von den giftigen zu unterscheiden.

So kommt es immer wieder zu vielen folgenschweren Vergiftungen, weil sich einige eßbare und giftige Sorten sehr ähnlich sehen und daher leicht zu verwechseln sind. Ein klassisches Beispiel dafür sind der eßbare Champignon und der giftige grüne Knollenblätterpilz. Wegen ihrer Ähnlichkeit und der großen Beliebtheit der Champignons führt der Knollenblätterpilz die traurige jährliche Unfallstatistik unter den Pilzsammlern als Spitzenreiter an. Dabei wissen nur wenige, daß unter den 63 in Mitteleuropa vorkommenden Champignonarten auch 6 giftig sind.

Ausgerechnet der Fliegenpilz, der wohl jedem als giftig bekannt ist, begegnet uns – meist zum Jahreswechsel – neben Hufeisen, Kleeblatt und Schornsteinfeger als Glücksbringer und Symbol guter Wünsche. Warum ausgerechnet er als Glücksbringer gilt, der – wenn man ihn aus Unkenntnis oder Versehen mit anderen, eßbaren Pilzen im Kochtopf hat – nun wirklich kein Glücksfall ist? Vielleicht nur deswegen, weil er mit seinem roten Hut und den weißen Punkten unter seinen unscheinbaren Brüdern in bescheidenem unauffälligem Braun oder Grau besonders fröhlich aussieht? Unter Umständen aber steckt darin auch etwas von der Geschichte, die ich vor einigen Jahren auf einer Reise durch Norwegen gehört habe: Dort sollen manche Leute früher zu einem Glas Schnaps eine dünne Scheibe vom Fliegenpilz gegessen haben, um dadurch einen Rauschzustand mit euphorischen Traumvorstellungen zu erzeugen. Wahrscheinlich aber verdankt der Pilz seinen Ruf als Glücksbringer der Tatsache, daß er über Jahrhunderte als Fruchtbarkeitssymbol angesehen wurde. Die Menschen beobachteten, daß plötzlich nach einem warmen Regen über Nacht die Pilze in Massen aus dem Waldboden wuchsen.

Unter den eßbaren Pilzen gibt es einige Exemplare, die entweder recht unappetitlich anzusehen sind oder aber bei falscher Behandlung unangenehme Folgen haben. Der Schopftintling, ein seltener Speisepilz, soll zum Beispiel Substanzen enthalten, die den Blutzuckergehalt senken. Er

Stockschwämmchen haben ein intensives Aroma.

Vorwort

kann daher für Diabetiker sehr empfohlen werden. Er läßt sich aber sehr schlecht aufbewahren, denn selbst bei Lagerung im Kühlschrank verdirbt er schon nach kurzer Zeit. Die Lamellen färben sich schwarz und verlieren ihre Gestalt. Es bildet sich eine schwarze Brühe, was ihm wohl den Namen »Tintling« eingebracht hat. Einer seiner Verwandten, der Faltentintling, ist zwar ebenfalls eßbar, darf aber nicht gleichzeitig mit Alkohol genossen werden.

Der Zuchtchampignon, wie er in Lebensmittelgeschäften oder auf dem Wochenmarkt zu kaufen ist, kann sogar roh gegessen werden, wenn man ihn zum Beispiel in ganz dünne Scheiben geschnitten in einen Salat mischt. Sein Fleisch hat einen angenehm milden, nußartigen Geschmack. Der Hallimasch, der zwar im Volksmund den appetitlichen Namen Honigpilz bekommen hat, kann nur gekocht oder gebraten gegessen werden, und auch dann kann er bei empfindlichem Magen noch Durchfall und Übelkeit verursachen. Ein weiteres Beispiel ist der Butterröhrling. Es handelt sich auch um einen Speisepilz, der aber trotz seines verlockenden Namens von entsprechend empfindlichen Menschen nicht vertragen werden kann. Noch verheerendere Wirkungen können die Vettern der Speisepilze haben, die im Haus anzutreffen sind und teilweise so winzig sind, daß sie nur unter dem Mikroskop sichtbar werden. Der Hausschwamm zum Beispiel zerstört Dachgebälk, Pilzansammlungen hinterlassen in feuchten, schlecht belüfteten Räumen an Wänden und Tapeten häßliche Stockflecken, als Pilzrasen siedelt sich grauer oder grüner Schimmelbelag auf Lebensmitteln an

Schopftintlinge verderben leicht. Man sieht es hier deutlich an den schwarzen Hüten.

Vorwort

und macht sie ungenießbar. Der Verzehr verschimmelter Lebensmittel kann Krebs auslösen. Andere Winzlinge wiederum sind ausgesprochen nützlich. Ohne Hefepilze gäbe es keinen Kuchen und keine knackigen Frühstücksbrötchen. Ohne diese mikroskopisch kleinen Pilze hätten wir kein Bier, keinen würzigen Edelpilzkäse, keinen Camembert und Limburger. Und was wäre die moderne Medizin ohne die Entdeckung des Penicillins, jenem Heilmittel, das aus Pilzkulturen gewonnen wird?

Sie sehen, das ist alles ziemlich verwirrend. Eßbar und giftig, nützlich und schädlich, schmackhaft und ungenießbar liegen sehr dicht beieinander. So ist es also ganz verständlich, daß

Vorwort

irgendwann einmal der Wunsch aufkam, Pilze zu züchten, von denen man genau weiß, daß sie ungiftig und wohlschmeckend sind, und die man so wie Möhren und Rosenkohl, wie Kartoffeln und Tomaten unkompliziert im Garten anbauen kann.

Ich erinnere mich, daß es bereits in der Mitte der dreißiger Jahre ein Heftchen zu kaufen gab, in dem genau beschrieben war, wie man die damals schon sehr beliebten Champignons selbst züchten kann. Dreißig Jahre später — Mitte der sechziger Jahre — fiel mir dann noch einmal ein Exemplar davon in die Hand. Mit den heutigen Augen gelesen, wirkt die Beschreibung der Champignonzucht für den Gemüsegarten wie die Beschreibung einer Orchideenzucht im Ziergarten. Wenn Sie einmal davon gehört haben, wieviel Mühe und Pflege die Zucht solcher exotischen Blüten erfordert, wieviel Spezialwissen dazu gehört, wieviel Aufwand und auch Geld erforderlich ist, verstehen Sie, was ich meine. Ein Stiefmütterchen pflanzen Sie zum Beispiel in den Balkonkasten oder Garten, und es erfreut Sie mit seinen Blüten, ohne von Ihnen viel Pflege, spezielle Kenntnisse oder großen Aufwand zu verlangen. Orchideen dagegen brauchen mindestens in der Wohnung ein besonders klimatisiertes Blumenfenster oder ein Gewächshaus im Garten, mit geregelter Heizung und gesteuerter Luftfeuchtigkeit zum erfolgreichen Gedeihen. Außerdem sollte man vorher einige kluge Bücher gelesen haben, um die Lebensbedingungen seiner Schützlinge genau zu kennen, damit nicht ein Mißerfolg die ganze Mühe über Nacht zunichte macht.

Durch verbesserte Verfahren, Weiterentwicklungen in den Nährböden und auch infolge eines besseren Kenntnisstandes ist die Zucht von Pilzen heute nicht mehr so problematisch, eher sogar zum Teil kinderleicht geworden.

Das, was Sie nun hier in der Hand halten, soll kein theoretisches, sondern ein praktisches Buch sein. Ich habe es nicht geschrieben, um Ihnen alles Wissenswerte über die Pilzzucht zu vermitteln — das haben andere vor mir besser und erfolgreicher getan. Vielmehr soll es Ihnen dabei helfen, mit den Mitteln und Möglichkeiten, die Ihnen der Markt bietet, einfach und mit Erfolg erntefrische Pilze auf den Tisch zu bringen. Meine eigenen Erfahrungen und die, die andere vor mir gemacht und mir für meine Arbeit mit auf den Weg gegeben haben, sollen Sie von vornherein vor Fehlern oder Mißerfolgen bewahren.

Wenn dieses Buch das erreicht, wenn es für Sie zu einer Hilfe aus der Praxis für die Praxis wird, dann hat es seinen beabsichtigten Zweck voll erfüllt. Wo zum besseren Verständnis ein wenig Theorie notwendig ist, werden Sie sie an der entsprechenden Stelle finden, ansonsten aber soll es Sie bei Ihrer praktischen Arbeit als handfester Helfer begleiten. Und so wünsche ich Ihnen viel Freude und viel Erfolg mit den Pilzen in Haus und Garten.

Einführung

Die giftigen Ungiftigen

Mit der gleichen Regelmäßigkeit, mit der zu Beginn einer jeden Pilzsaison in Tageszeitungen vor dem Verzehr von giftigen Waldpilzen gewarnt wird und mit der über die trotzdem jährlich wiederkehrenden tödlichen Vergiftungen berichtet wird, warnen Ärzte und Ernährungswissenschaftler eindringlich vor zu häufigem Genuß selbst solcher frei wachsenden Pilze, die eindeutig und zweifelsfrei als ungiftig und genießbar bekannt sind.

Der Grund dieser Warnung ist, daß inzwischen feststeht, daß in manchen in der freien Natur gesammelten Pilzen eine Gesundheitsgefährdung ganz anderer Art zu finden ist: die außerordentlich hohe Belastung mit Schwermetallen, an ihrer Spitze Cadmium und Blei. Sie haben die gefährliche Eigenschaft, vom menschlichen Körper nicht wesentlich abgebaut und ausgeschieden zu werden, setzen sich auf Dauer in den Nieren fest und bilden eine Belastung gerade in dem Körperorgan, dessen Aufgabe es ist, Schadstoffe zu filtern und auszuscheiden. Die gleichen, nicht abbaubaren Schwermetalle, finden sich aber auch in tierischen Innereien, die für die menschliche Ernährung geeignet sind und beim Metzger verkauft werden – Leber und Nieren. Das Vieh nimmt die Schadstoffe mit dem Grünfutter auf und lagert sie in den Innereien ab. Leber und Nieren stellen gewissermaßen Schwermetallspeicher dar und überführen sie im Rahmen der menschlichen Ernährung in unseren Körper. So warnen die Ärzte zum Beispiel davor, öfter als einmal monatlich Innereien zu essen, weil die darin enthaltenen Schwermetalle eine Gefährdung unserer Gesundheit zusätzlich zur ohnehin vorhandenen Umweltbelastung bedeuten. Es ist wie ein Teufelskreis: Wir selbst nehmen Schwermetalle über die verschmutzte Luft auf, unser Körper kann sie nicht abbauen und ausscheiden, speichert sie dafür aber in den Nieren. Auch Obst und Gemüse sind nicht frei von Schadstoffen, die ebenfalls über die belastete Luft und den Regen auf die Pflanzen einwirken. So bekommt der menschliche Körper im Rahmen der Nahrungsaufnahme in vielerlei Hinsicht Schwermetalle zugeführt. Pilze sind ebenfalls für ihre außerordentliche Speicherfähigkeit für Schadstoffe bekannt. Waldpilze wachsen auf einem sehr lockeren, humosen Boden, der über lange Zeit aus der Umwelt Schadstoffe aufgenommen und angesammelt hat. Hier macht sich auch die Filterwirkung des Waldes bemerkbar. Die vielen Schadstoffe, die sich an den Blättern anlagern, werden nach Abfallen des Laubes in den Boden gebracht. Zusätzlich ist das Myzel mancher Pilze in besonderer Weise in der Lage, Schwermetalle zu speichern. Dies resultiert aus der speziellen Zusammensetzung ihres Eiweißes.

Im Oberbergischen Land, zwischen Köln und Olpe, habe ich oft zur ent-

Einführung

Freiwachsende Pilze, wie hier der Schaf-Champignon, können mit Schadstoffen belastet sein.

sprechenden Jahreszeit Pilzsammler auf den Weiden bei der Suche nach Wiesenchampignons angetroffen. So mancher von ihnen kam nach gar nicht einmal so langer Zeit – stolz auf seinen Fund – mit wohlgefülltem Korb von der Suche zurück. Aber gerade die wildwachsenden gilbenden Champignons sind die besten Schwermetallspeicher unter den Pilzen. Analysen haben gezeigt, daß sie in erster Linie einen hohen Cadmiumgehalt aufweisen, daneben aber auch Quecksilber und Blei enthalten. Wenn man als Vergleich die bei Gemüse zulässigen Werte heranzieht, so überschreitet man die verträgliche Menge zum Beispiel bei Cadmium schon, wenn man 28 g Schafchampignons ißt! Die zulässige Höchstmenge – und was heißt schon »zulässig« – ist bei Quecksilber mit 12 g Schafchampignons erreicht. Bei etwa 1500 g vom Schafchampignon hat man auch die Höchstmenge an Blei überschritten, die für Nahrungsmittel

Einführung

zugelassen ist. Die Zahlen sollen nur die Belastungssituation veranschaulichen und sehen bei einer anderen Champignonart wieder ganz anders aus. So ist zum Beispiel der Wiesenchampignon nicht so stark belastet. Die Pilzsaison ist kurz und dementsprechend groß ist die Versuchung, die günstige Zeit auszunutzen. Wer aber frisch gesammelte Champignons innerhalb dieser kurzen Zeitspanne häufig auf den Tisch bringt, kann — ohne es zu wissen — seine Gesundheit bis hin an den Rand einer echten Vergiftung belasten.

Nun können wir uns ja gegen die Schadstoffbelastung nicht unmittelbar wehren, denn Blei, Cadmium, Quecksilber und Arsen, um nur einige zu nennen, sind in Spuren ohnehin im Boden vorhanden. Aber schlimmer ist, daß sie — wie zum Beispiel Blei durch Autoabgase — zusätzlich mit Rauch, Industrieabgasen, aus Müllverbrennungsanlagen und aus anderen Quellen in die Luft gelangen und beim nächsten Regen in den Boden eingeschwemmt werden.

Bei den als Schwermetallspeicher verrufenen Pilzen hat sich in diesem Zusammenhang etwas sehr Interessantes ergeben: Während ich mich mit den sogenannten Kulturpilzen und ihrer Anzucht beschäftigte, ließ mich der Gedanke nicht los, daß bei ihnen die Schwermetallbelastung entweder ganz entfallen oder sich zumindest auf vergleichsweise außerordentlich niedrige Werte beschränken müßte. Diese Überlegung lag eigentlich auf der Hand: Kulturpilze wachsen entweder auf Stroh oder Holz, oder sie werden auf sogenannten Kultursubstraten gezogen, also auf speziell angemischten und hergestellten Nährböden.

Natürlich wachsen Holzstämme und Stroh auf belasteten Böden, aber sie haben eine nur sehr geringe Speicherfähigkeit für Schwermetalle. Auf diesem Substrat wachsende Pilze dürften daher nur wenige Schwermetalle enthalten. Mit dieser Überlegung und einigen selbstgezogenen Pilzen wandte ich mich an das Gemeinschaftliche Chemische Untersuchungsinstitut Wuppertal/Solingen und fand dort mit meiner Theorie lebhaftes Interesse. Unter diesem Gesichtspunkt hatte man nämlich noch keine Untersuchungen durchgeführt und somit keine Erfahrungen gesammelt. Das Testergebnis war verblüffend: Untersucht wurden Braunkappen und Austernpilze, die auf Strohballen gezogen wurden, und Shii-Take, die man vom Eichenstamm erntet. Es ergaben sich dabei folgende Werte: Die Bleibelastung im Kulturträuschling (Braunkappe), im Austernseitling und dem Shii-Take-Pilz ist nur gering. Die ermittelten Gehalte waren um das 20- bis 70fache kleiner als in vergleichbaren Speisepilzen.

Zuchtpilze, wie diese Austernpilze, wachsen gesünder heran. Teilweise sind bei ihnen die Schadstoffwerte kaum meßbar.

Einführung

Die Cadmiumgehalte lagen um das 4- bis 40fache niedriger als die in sonstigen Speisepilzen (z. B. Wiesenchampignons).
Die ermittelten Quecksilbergehalte waren in den untersuchten Pilzen bedeutungslos. Gegenüber Wiesenchampignons war der Quecksilbergehalt um das 270fache niedriger. Die untersuchten Speisepilze wuchsen auf Substraten, die kaum mit Blei, Cadmium und Quecksilber belastet waren. (Auszug aus dem Gutachten von Dr. Dresselhaus-Schroebler, Wuppertal.)
Mit dem Reaktorunfall von Tschernobyl traten neue, schwerwiegende Probleme auf. Abgesehen davon, daß sich die täglichen Meldungen über Strahlenbelastungen von Lebensmitteln bald überschlugen — für den Normalverbraucher entwickelten sie sich zu einem undurchschaubaren Verwirrspiel. Niemand wußte mehr Bescheid. Waren die unterschiedlichen Meßverfahren und -ergebnisse schon allein für den Laien unverständliches Fachchinesisch, so sorgten andere Meldungen für weitere Unsicherheit.
Wegen der unterschiedlich hohen Strahlenbelastung schwankten die Meßwerte zwischen Ost und West, Nord und Süd in beachtlichem Maße. Wurde an einem Tag vor dem Verzehr von Obst und Gemüse, Salat und Milch wegen hoher radioaktiver Werte gewarnt, kam mit Sicherheit aus einer anderen Gegend oder aus dem Mund eines Politikers die Beschwichtigung, alles wäre gar nicht so schlimm, die Werte gar nicht so hoch, und im übrigen warne man vor Panikmache.
Eines stand allerdings nach kurzer Zeit fest: Freiwachsende Pilze erwiesen sich im Verhältnis zu anderen Lebensmitteln wieder als überdurchschnittlich hoch belastet. Es wurde nachdrücklich davor gewarnt, sie zu sammeln und zu verwerten.
Wie das aber bei der Tagespresse so ist — eine Katastrophenmeldung füllt die Titelseiten, eine gute Nachricht gibt eine Kurzmeldung im Innenteil ab. Sie ist ja keine Sensation.
So ging in all der begreiflichen Sorge und Unsicherheit um die Folgen des Reaktorunfalls eine Pressemeldung leider völlig unter, die ein beruhigendes Ergebnis bekanntgab: Zuchtpilze wiesen keine Strahlenbelastung auf und könnten ohne Bedenken angebaut, verkauft und verzehrt werden. Wie bei den Schwermetallen schnitten sie auch bei den Strahlenschäden gegenüber ihren wild- und freiwachsenden Vettern hervorragend ab.
Diese eindeutigen Ergebnisse beweisen, daß im Garten oder im Haus, auf Balkon und Terrasse Pilze praktisch rückstandsfrei angebaut werden können. Unsere Lebensmittel sind ja ohnehin in einem beachtlichen Maß mit zugelassenen, aber dennoch nicht gerade gesundheitsfördernden Chemikalien belastet. Das beginnt mit Lockerungs- und Konservierungsstoffen in einem so einfachen Grundnahrungsmittel wie Brot und setzt

Einführung

sich mit Farbstoffen, Geschmacksverstärkern, Emulgatoren und ähnlichem fort. Selbst in einer einfachen Fruchtsoße für Eis und Süßspeisen sind sogenannte »naturidentische Aromastoffe« enthalten – was immer sich dahinter verbergen mag. So scheint jedes bißchen Chemie oder Umweltlast, das nicht auf unseren Tisch kommt, zwar im Augenblick nicht sehr erheblich, aber es macht in der Summe schließlich doch etwas aus.

Pilze sind nicht nur eine schmackhafte Bereicherung unseres Küchenplans – sie enthalten auch ungefähr 3–5% Eiweiß und können von daher mit jeder Gemüseart aus unserem Garten konkurrieren. Dabei muß jedoch berücksichtigt werden, daß das Eiweiß der Pilze dem tierischen und nicht dem pflanzlichen Eiweiß ähnelt. Fett und Kohlenhydrate sind in Pilzen in sehr geringem Maße enthalten, und so eignen sie sich hervorragend für eine kalorienarme Ernährung. Neben dem geringen Fett- und Kohlenhydratgehalt bieten Pilze auch eine ganze Anzahl weiterer Vorteile: Sie enthalten für den menschlichen Körper wichtige Aminosäuren und Vitamine (zum Beispiel die Vitamine B und D).

Diese ernährungsphysiologischen Aspekte und die Tatsache, daß wir im Haus und im Garten leicht die »ungiftigen Ungiftigen« anbauen und ernten können, sollte uns die im Vergleich geringe Mühe und Arbeit mit ihnen wert sein.

Kein Männlein steht im Walde . . .

Die wirkliche Menge der in Wäldern und auf Wiesen geernteten eßbaren Pilze läßt sich eigentlich nicht exakt feststellen, sondern höchstens schätzen, und auch dabei liegen die Ergebnisse teilweise erheblich auseinander. Der Grund dafür ist, daß der Großteil der Speisepilze von privaten Sammlern für den eigenen Gebrauch geerntet wird und darüber natürlich keine verwertbaren Angaben existieren. Das, was gewerblich gesammelt wird, auf den Markt kommt und damit erfaßt werden kann, ist daher nur ein kleiner Teil der Gesamtmenge. Immerhin aber steht eines fest: Konnte man vor ungefähr 10 Jahren noch damit rechnen, daß pro Hektar Waldboden ungefähr 2 Zentner eßbare Pilze zu ernten waren, so ist in der Zwischenzeit diese Menge bedeutend geringer geworden.

Die Gründe für diesen Rückgang sind leicht zu finden: Ganz ohne Frage ist die immer mehr zunehmende Umweltbelastung eine der Hauptfaktoren. Wo der Wald kränkelt oder stirbt, verlieren auch die Pilze ihre natürlichen Wachstumsmöglichkeiten. Und es gilt inzwischen als so gut wie sicher, daß in den Wäldern eingesetzte Schädlingsbekämpfungsmittel das Pilzwachstum zumindest hemmen und in hoher Konzentration sogar ganz zum Erliegen bringen können. Infolge der zunehmenden Freizeit werden die Wälder immer mehr von

Gute Plätze mit reichlicher Ernte sind für Pilzsammler immer weniger geworden.

Erholungssuchenden, Wochenendausflüglern und Wanderern genutzt, ja teilweise sogar überlaufen. Und so werden viele Waldpilze achtlos zertreten, Kinder spielen Fußball mit ihnen, Pilzsammler ohne genügenden Sachverstand reißen Pilze rücksichtslos samt ihrem Pilzgeflecht aus dem Boden und zerstören damit die ganze Pflanze. Der Gipfel der Unvernunft wurde mir von einer Kollegin aus Nordhessen berichtet: Sie traf, als sie selbst im Wald Butterpilze suchte, auf einen Mann, der mit einem Stock wahllos in Gras und Pflanzenbewuchs schlug. Auf die — ironisch gemeinte — Frage, ob er dort wohl Schlangen suchen würde, antwortete er: »Nein, Pilze!« Auf diese Art hätte er wohl, bevor er überhaupt einen Pilz zu Gesicht bekommen hätte, alles zerschlagen und vernichtet.

Aber nicht nur beabsichtigte oder gedankenlose Zerstörung, unsachgemäßes Sammeln und Umwelteinflüsse haben das traditionelle Angebot auf unseren Wochenmärkten schrumpfen lassen. Es findet sich auch auf dem Land kaum noch jemand, der für geringen Lohn zum Pilzesammeln in den Wald geht. Es lohnt nicht mehr die Mühe. Auch wird schon in bestimmten Regierungsbezirken das Pilzesammeln eingeschränkt, damit sich die Pilzbestände erholen können (zum Beispiel in Teilen des Schwarzwaldes). Da die Pilze ja möglichst frisch zum Verkauf gelangen sollen, müssen die wenigen gesammelten Exemplare zusätzlich mit hohen Transportkosten in die Städte

Einführung

auf den Markt gebracht werden. Das wirkt sich natürlich auf die Preise aus, und die lassen manchen interessierten Käufer dann doch zurückschrekken. Da ist es kein Wunder, daß die Wertschätzung von Zuchtpilzen zunimmt. Wenn in Aachen hinter dem historischen Rathaus Wochenmarkt ist, fällt einem sofort ein großer Stand mit frischen Champignons ins Auge. Es gibt sie von ganz klein bis zur Größe einer Kinderfaust, und der Händler bietet sie tagesfrisch an. Sie werden morgens ganz früh in einem holländischen Zuchtbetrieb geerntet und kommen am gleichen Vormittag frisch und knackig auf den Markt. Champignons, die dagegen im Supermarkt im Pappkarton unter Klarsichtfolie angeboten werden, sind mindestens einen Tag älter, weil Auswiegen, Abpakken und Versand eben zusätzlich Zeit beanspruchen. Nicht immer wird der Vorrat am gleichen Tag verkauft, er wandert bei Geschäftsschluß in den Kühlraum und kommt am nächsten Tag wieder ins Regal. Das schadet nichts, denn Zuchtchampignons halten sich gekühlt 4–5 Tage, ohne Schaden zu nehmen.

In letzter Zeit haben die Champignons eifrige Konkurrenz bekommen: Austernpilze, Braunkappen und Shii-Take werden neuerdings in großen Zuchtbetrieben angebaut und in ausreichender Menge auf den Markt gebracht. In München gibt es in der Nähe des berühmten Viktualienmarktes sogar einen speziellen Pilzladen, der tagesfrische Ware von einem Züchter in der Nähe anbietet.

Es sind übrigens die gleichen Pilzarten, die sich mit geringem Aufwand auch selbst ziehen lassen, was bei wiederholtem Bedarf sicherlich billiger ist.

Sie sehen, daß die gewissermaßen »häuslich« gewordenen Pilzarten einige ihrer wildwachsenden Verwandten aus dem Wald gut ersetzen können. Bei allen klappt das nicht. So können zum Beispiel die beliebten Pfifferlinge und Steinpilze trotz langjähriger Versuche nicht gezüchtet und angebaut werden. Bei anderen Pilzen ist es inzwischen gelungen, sie auch im Garten heimisch zu machen, aber sie haben sich – aus unterschiedlichen Gründen – nicht so recht durchsetzen können. Das liegt unter anderem daran, daß ihre Anzucht nicht ganz so einfach und unkompliziert ist wie bei den Sorten, die bereits in großen Mengen angeboten werden und die sich als sehr ertragreich erwiesen haben.

Damit Ihre Freude an Pilzen und ihrer Anzucht möglichst ungetrübt ist, möchte ich Ihnen die einzelnen Möglichkeiten und Verfahren in der Reihenfolge vorstellen, wie sie sich nach Standort, Arbeitsaufwand und Ertrag ergibt. Und damit all diejenigen, die keinen oder einen nicht genügend großen Garten haben, auch zu ihren Pilzen kommen, sollen die Anzuchtmöglichkeiten im Haus und auf dem Balkon oder der Terrasse den Anfang machen.

Wenn Pilze »häuslich« werden

Pilzzucht aus der Fertigpackung

Der wohl älteste Pilz, der sich in unseren Breiten züchten läßt, ist der Zuchtchampignon. Er wurde bereits im 17. Jahrhundert in Paris angebaut, seit etwas über 100 Jahren gibt es auch in Deutschland einige bekannte Betriebe, die den beliebten Pilz in größeren Mengen auf den Markt bringen. Der erste gewerbsmäßige Champignon-Anbau in Deutschland wurde übrigens in der Mitte des vergangenen Jahrhunderts in Sachsen vorgenommen.

Seit einigen Jahren kann man Champignons auch ohne große Mühe und ohne Vorkenntnisse im eigenen Haus selbst ziehen und sie erntefrisch auf den Tisch bringen. Ihnen haben sich inzwischen die milchkaffeebraunen Egerlinge hinzugesellt – ebenfalls eine Champignonrasse, die im Geschmack etwas kräftiger und würziger ist als ihre rein weißen Vettern.

Es gibt – überwiegend im Versandhandel – Fertigpackungen, in denen alles enthalten ist und die bei Befolgung der beigelegten Anleitung ein einwandfreies Gelingen garantieren. Die Preise für diese Komplettpackungen sind über die letzten Jahre nahezu unverändert stabil geblieben, sie liegen bei ungefähr 20,– DM. Sie beanspruchen nur sehr wenig Platz und werden deswegen auch als »Zimmerkulturen« oder »Heimkulturen« bezeichnet. Praktisch sind sie das auch, man kann sie wirklich an jedem geeigneten Platz innerhalb der Wohnung aufstellen. Aber sie gelingen auch in Nebenräumen wie Keller, Waschküche oder Hobbyraum, soweit dort passende Wachstumsbedingungen herrschen.

Vielleicht spielt das Verhältnis von Anschaffungspreis und Ertrag auch eine Rolle. In einigen Fällen werden von den Herstellern oder Versendern Erntemengen angegeben, die sich wohl eher an der oberen Grenze des Erreichbaren bewegen. Fast immer liegt der tatsächliche Ertrag unter der angegebenen Menge, ist aber immer noch lohnend. Der unbestreitbare Vorteil der eigenen Zucht liegt jedoch im Geschmack der selbst geernteten Champignons. Sie können Minuten nach der Ernte in der Küche verarbeitet werden und schmecken dann ganz anders als die gekauften. Von den konservierten, meist aus Formosa in Gläsern oder Büchsen importierten Pilzen, soll hier gar nicht erst die Rede sein, sie würden einem geschmacklichen Vergleich erst recht nicht standhalten. Zusammenfassend läßt sich zu den Fertigkulturen sagen:

– Sie sind einfach zu pflegen und zu behandeln;
– der Erfolg ist so gut wie sicher;

Bei Gartenversendern, in Samengeschäften und Gartencentern oder bei Zuchtbetrieben sind Brutmaterialien für den Pilzanbau erhältlich.

Wenn Pilze »häuslich« werden

- man kann über das ganze Jahr ohne Rücksicht auf Wetter und Außentemperaturen frisch ernten;
- sie finden selbst in der Wohnung einen geeigneten Platz.

Obwohl die Komplettpackungen besonders für den »Hausgebrauch« gedacht sind, kann ich sie aber auch all denen empfehlen, die einen eigenen Garten haben und sich mit Pilzzucht beschäftigen möchten. Sie eignen sich nämlich ideal dazu, im Spätherbst, Winter oder Frühjahr im Haus schon einmal den Spaß und die Freude an der Pilzzucht auszuprobieren und erste Erfahrungen zu sammeln, bevor man sich im Garten an andere Sorten und Anbaumethoden heranwagt. Hat man erst einmal Erfolg gehabt, dann fällt einem das Weitermachen doch viel leichter.

Eine weitere Möglichkeit, Pilze im Haus zu ziehen, wird seit kurzem angeboten: Braunkappen, Austernpilze und Schopftintlinge als sogenannte »Heimkultur«. Damit wird das Angebot auf dem Markt um drei sehr beliebte Pilzarten erweitert. Aber im Garten lassen sich diese Sorten noch preiswerter und auch ertragreicher anbauen.

Mit den Zuchtansätzen für Braunkappen und Austernpilze kommt der Hersteller mit seinem Angebot ganz gezielt all denen entgegen, die zwar keinen Garten haben, aber über

Am bekanntesten und am längsten im Handel sind Komplett-Packungen für Champignons.

Wenn Pilze »häuslich« werden

einen geeigneten Platz im Haus, auf dem Balkon oder der Terrasse verfügen und dort frische Pilze ernten möchten.

Das ist ja mit diesen Arten von Fertigpackungen selbst mitten in der Stadt möglich. Aber daneben gibt es auch noch einige andere Arten der Anzucht. Man kann sich – zumindest bei Braunkappen, Austernpilzen, Schopftintlingen, violetten Ritterlingen und Samtfußrüblingen – die Heimkulturen selbst anlegen; dazu braucht man nicht einmal aufwendige Mittel.

Champignons und Egerlinge
Bei den beiden Pilzen, die unter diesen Namen im Handel sind, handelt es sich um zwei Rassen einer Art, die sich in Wachstum und Form gleichen, wobei der ganz hellmilchkaffeebraune Egerling einen leicht geschuppten Hut und ein kräftigeres, würzigeres Aroma hat als sein rein weißer Verwandter.

Fertige Anzuchtpackungen gibt es bei fast allen großen deutschen Gartenversendern, die Preise sind bei allen aus naheliegenden Gründen gleich – sie haben sich aufgrund des großen Angebotes eingependelt und liegen höchstens um ein paar Pfennige auseinander. Lieferhinweise finden Sie im Bezugsquellenverzeichnis am Ende des Buches.

Die Fertigpackungen haben überwiegend alle eines gemeinsam: Der Nährboden (Substrat) mit dem eingewachsenen Pilzgeflecht (Myzel) wird meist in einem entweder quadratischen oder rechteckigen Styroporkasten verschickt. Einige Hersteller bieten dabei zwei verschiedene Größen an, meist handelt es sich aber um 10-Liter-Kästen. In fast allen Fällen ist die erforderliche Deckerde in einem oder in mehreren Folienbeuteln abgepackt. In nur einem Fall erhielt ich vor längerer Zeit einmal eine Anzuchtpackung, in der die Erde bereits über dem Substrat angefüllt war und für den Wachstumsbeginn nur noch angefeuchtet werden mußte. Das kann sich aber nur ein Versandbetrieb leisten, der entweder einen schnellen, eigenen Paketdienst hat oder eine größere Anzahl von Auslieferungslagern mit kurzen Versandwegen. Nach dem Aufbringen der Deckerde wächst nämlich das Pilzgeflecht aus dem Substrat in wenigen Tagen in die Erde ein. Daraus entstehen dann die Fruchtkörper, die man allgemein als Pilze bezeichnet. Dabei ist der eigentliche Pilz das Myzel, das als feines Geflecht nach einer gewissen Zeit das ganze Substrat durchzieht. Wir sehen ja nur den über der Erde erscheinenden Teil des Pilzes, also den Fruchtkörper. Ist die Deckerde aber beim Versand bereits teilweise oder bei längeren Transportwegen ganz mit Myzel durchsetzt, würden die feinen Fäden des Wurzelgeflechts zerrissen, wenn das Paket gerüttelt oder geworfen wird. Es müßte dann wieder über mehrere Tage neues Myzel aus dem Substrat heraus in die Erde einwachsen. Einfacher und sicherer ist

Wenn Pilze »häuslich« werden

Wenn Pilze »häuslich« werden

7

1 Inhalt der Komplettpackung.
2 Gut durchwachsenes Substrat.
3 Aufbringen der Deckerde.
4 Vorsichtiges Anfeuchten mit Wäschesprenger oder . . .
5 . . . mit einem Blumensprüher.
6 Das Myzel zeigt sich an der Oberfläche.
7 Reichliche Ernte von Egerlingen.

Wenn Pilze »häuslich« werden

es deshalb, die Abdeckerde getrennt verpackt beizulegen.

Nach dem Öffnen der Packung wird die mitgelieferte Erde gleichmäßig hoch und bis in die Ecken des Styroporkastens hinein glatt verteilt. Danach folgt das Anfeuchten. Dazu nimmt man am besten einen Wäschesprenger oder einen Zerstäuber, wie man ihn zur Blumenpflege benutzt. Auf keinen Fall aber sollten Sie eine Gießkanne benutzen. Die Erde darf nur gut durchfeuchtet, aber nicht naß sein. Das steht zwar auch in fast allen Anleitungen, die der Packung beigelegt sind, aber hier werden die meisten Fehler gemacht und damit Mißerfolge erzielt. Die Deckerde ist nämlich ein sehr lockeres Gemisch mit einem relativ hohen Torfanteil. Wird sie mit dem konzentrierten Strahl, wie er zum Beispiel aus der Tülle einer Blumengießkanne austritt, begossen, wird sie naß, schwer und verschlammt. Das darunter befindliche Substrat mit dem Myzel bekommt keinen Sauerstoff mehr, das feine Wurzelgeflecht kann absterben, oder es »ersäuft« in der Staunässe, die sich bei zu reichlicher Wassergabe bilden kann. Nehmen Sie also unbedingt entweder einen Wäschesprenger oder Pflanzensprüher, nur so können Sie das richtige Maß an Feuchtigkeit – nicht Nässe – gleichmäßig verteilen. Eine recht gute Prüfmethode ist folgende: Nehmen Sie ein wenig von der angefeuchteten Erde zwischen Daumen und zwei Finger, und drükken Sie sie zusammen. Tritt dabei ein einzelner Wassertropfen aus der Erde aus, stimmt die Feuchtigkeit. Zu wenig Wasser kann allerdings genauso schaden wie zuviel. Eventuell müssen Sie in den ersten 10 Tagen, während die Abdeckerde vom Myzel durchwachsen wird, etwas Feuchtigkeit nachsprühen, sobald die Oberfläche trocken erscheint. Aber bitte nur so viel, daß die Erde wieder leicht feucht ist.

Nach dem Anfeuchten soll die Kultur ungefähr 10 Tage abgedeckt werden. Es bildet sich dann unter der Abdekkung ein für das Wachstum günstiges Kleinklima, wenn die Packung bei Raumtemperatur steht. Wo zur Packung ein Kartondeckel gehört, sollte er mit Luftlöchern versehen werden, damit Sauerstoff an die Kultur kommt. Wo Sie den Kartondeckel der Fertigpackung nicht verwenden können, wo er fehlt oder ungeeignet ist, empfehle ich Ihnen ein anderes Verfahren: Spannen Sie eine Haushaltsfolie über den Styroporkasten; das erzeugt einen Gewächshauseffekt, und die verdunstende Feuchtigkeit schlägt sich an der Folie nieder und tropft in die Erde zurück. In die Folie müssen Sie aber mit einem spitzen Gegenstand ein paar Löcher einstechen, damit Luft an die Kultur kommt. Die Pilzkultur muß nicht unbedingt dunkel stehen, aber auf jeden Fall schattig. Direkte Sonnenbestrahlung muß vermieden werden, sie läßt nicht nur die notwendige Feuchtigkeit schnell verdunsten, sondern in der Packung kann auch Stauwärme ent-

Wenn Pilze »häuslich« werden

stehen. Steigt dann die Temperatur über 30 °C an, kann das Wurzelgeflecht absterben. Dann wächst kein einziger Pilz mehr!
Bereits 3 oder 4 Tage nachdem die Deckerde aufgebracht ist, können Sie erkennen, wie sich — meist von den Seiten der Packung her — ein leichter, grauweißer Belag auf der dunklen Erde bildet und sich in den folgenden Tagen weiter ausbreitet. Er sieht aus wie ein weißer Schimmelpilzbefall und ist ein Zeichen dafür, daß das Myzel beginnt, in die Deckerde einzuwachsen. Werden Sie aber nicht ungeduldig, wenn dieses sichtbare Myzelwachstum ein paar Tage länger auf sich warten läßt — die Raumtemperatur und die Feuchtigkeit spielen nämlich dabei eine große Rolle.
Im allgemeinen liegt die günstigste Temperatur für die Pilzkultur zwischen 15 und 20 °C. Haben Sie nun zum Beispiel einen Kellerraum als Standort für den Anzuchtkasten gewählt und dieser ist etwas kühler, so dauert das Durchwachsen natürlich länger. Pilze vertragen zwar noch Temperaturen bis zu 4 °C, aber bei so tiefen Temperaturen geht das Wachstum nur noch äußerst langsam vor sich oder kommt ganz zum Stillstand. Genauso wie zu tiefe Temperatur das Wachstum beeinflussen kann, wirken sich auch zuviel oder zuwenig Feuchtigkeit aus. Machen Sie aber auf keinen Fall den oft begangenen Fehler, voller Ungeduld im Boden herumzukratzen, um nachzusehen, ob das Durchwachsen bereits begonnen hat. Sie können damit nur die feinen Pilzfäden zerstören, und dann wächst an dieser Stelle bestimmt kein Pilz mehr.
Bei richtiger Temperatur und entsprechender Feuchtigkeit können Sie aber davon ausgehen, daß das Pilzgeflecht nach 10 Tagen die Deckerde durchwachsen hat. Das ist der Zeitpunkt, an dem die Abdeckung entfernt werden muß. Jetzt brauchen Champignons viel Luft, um sich gut entwickeln zu können. Bis zur ersten Ernte vergehen dann meist noch etwa 7 Tage. Zuerst zeigen sich kleine weiße Knötchen auf dem weißen Pilzbelag, ungefähr so groß wie Streichholzköpfe. Sie entwickeln sich dann innerhalb weniger Tage zu kräftigen, großen Pilzen.
Geerntet werden sie durch vorsichtiges Herausdrehen aus der Erde. Dazu faßt man die Stiele der Pilze möglichst weit unten an. Sie werden feststellen, daß sich dort, wo der Stiel des Pilzes in der Erde steckte, noch kleine, dünne, weiße Fäden befinden. Das sind die Reste des Pilzgeflechtes, über das der Fruchtkörper während seines Wachstums die Nahrung aufgenommen hat. Auf keinen Fall sollten Sie aber die Pilze mit einem Messer abschneiden! An so einer Schnittstelle würde sich Fäulnis bilden, die innerhalb kurzer Zeit auf das Pilzgeflecht übergreifen und es abtöten würde.
Seien Sie bei der Ernte auch besonders vorsichtig wegen der nachwachsenden kleinen Pilze. Meist befinden

Wenn Pilze »häuslich« werden

sich nämlich neben den reifen, größeren Fruchtkörpern bereits wieder winzig kleine, die im Wachstum nachfolgen. Sie sollten bei der Ernte keinesfalls beschädigt oder mit herausgerissen werden. Bei richtiger Behandlung und Pflege kann eine solche Pilzkultur ungefähr fünf Erntewellen hervorbringen, bevor das Substrat erschöpft und das Wachstum beendet ist. Nach jeder Ernte sollte so viel Feuchtigkeit ergänzt werden, wie das Gewicht der geernteten Pilze ausmacht. Bitte geben Sie das Wasser nicht auf einmal in die Packung, sondern sprühen Sie die notwendige Menge nach und nach auf die Deckerde.

Lassen Sie sich zum Schluß noch eindringlich vor zwei Fehlern warnen, die auf keinen Fall begangen werden dürfen:

In einigen Werbeanzeigen findet sich noch der Hinweis: »Geeignet für Keller, Hobbyraum, Waschküche und Garage (!)«.

Pilze haben nichts in Garagenräumen zu suchen, auch wenn sich dort ein Platz dafür findet oder anbietet! Die Schadstoffe, die in den Auspuffgasen enthalten sind, werden von den Pilzen aufgenommen und sind für unsere Gesundheit gefährlich! Pilzkulturen dürfen auf keinen Fall gedüngt werden! Aus Unwissenheit ist dieser Fehler schon oft begangen worden, um ein schnelleres oder besseres Wachstum erreichen zu wollen. Im Substrat und in der Deckerde sind aber alle Nährstoffe ausreichend für ein gutes Gedeihen der Pilze enthalten. Flüssigdünger, wie man ihn für Topf- und Balkonpflanzen verwendet, enthält chemische Verbindungen, die von den Pilzen aufgenommen, aber nicht abgebaut werden. Auch sie belasten und gefährden unsere Gesundheit!

Zusammenfassend können folgende Aspekte aufgezählt werden, die Sie beachten müssen, um Ihre erste Pilzzucht zu einem Erfolg zu machen:

○ Deckerde gleichmäßig bis in die Ecken und an die Kanten des Kastens glatt verteilen.

○ Erde gut anfeuchten, Fingerprobe machen, wenn nötig während des Wachstums vorsichtig Wasser nachgeben.

○ Auf Raumtemperatur und Standort achten.

○ Deckerde nicht aufkratzen, um das Wachstum zu kontrollieren.

○ Pilze immer durch Herausdrehen ernten, nie abschneiden!

○ Nach jeder Erntewelle eine dem Gewicht der geernteten Pilze entsprechende Menge Wasser nachgeben.

Wenn Sie diese einfachen Regeln beachten, können Sie keinen Mißerfolg erleben. Sie werden dann an Ihren ersten selbstgezogenen Champignons viel Freude haben und vielleicht den Ansporn finden, mit einer anderen Sorte und einer anderen Fertigpackung weiterzumachen.

Wenn Pilze »häuslich« werden

Braunkappen (Kulturträuschlinge)

Lange Zeit wurde mir von Lieferanten auf meine Frage, ob denn nicht irgendwann auch einmal mit einer Heimkultur für Braunkappen zu rechnen sei, immer wieder eine abschlägige Antwort gegeben. Angeblich hätte es nicht zur Zufriedenheit funktioniert, die Ergebnisse seien unbefriedigend gewesen oder man hätte noch kein passendes Verfahren gefunden.

Vor Jahren waren einmal Heimkulturen für Braunkappen von einem Großversandhaus und einem Blumen- und Pflanzenversender in Norddeutschland im Angebot, verschwanden aber nach kurzer Zeit wieder vom Markt. Die Verpackung mußte in einem umständlichen Verfahren zu einem — zudem auch noch sehr unpraktischen — Anzuchtbehälter umfunktioniert werden, und nach all der Mühe war der Erfolg meist gleich Null.

Nun aber bietet die Firma Essenbacher Pilzkulturen — Sie finden die Lieferadresse im Bezugsquellenverzeichnis am Ende des Buches — eine funktionierende Braunkappen-Heimkultur an.

In einer ähnlichen Verpackung, in der von dort auch Champignon- und Egerlingkulturen geliefert werden, ist für die Kultur von Braunkappen alles enthalten. Als Anzuchtbehälter dient ein sechseckiger Styroporkasten mit

Wenn Pilze »häuslich« werden

Die Komplettpackung für Braunkappen.

Das Strohsubstrat wird mit lauwarmem Wasser angefeuchtet.

Nach 24 Stunden ist das Substrat fertig aufgequollen.

Wenn Pilze »häuslich« werden

Die Hälfte des Substrats wird auf die Erde in der Packung gefüllt.

Dann wird die mitgelieferte Brut gleichmäßig auf dem Substrat verteilt.

Darauf kommt dann die zweite Substrathälfte.

Wenn Pilze »häuslich« werden

einem übergestülpten Kartondeckel. Auf dem Boden des Kastens befindet sich eine Schicht Erdmischung, darauf — in Plastikbeuteln einzeln verpackt — das Pilzsubstrat (Stroh), die Braunkappenbrut und Deckerde.

Obwohl der Packung eine gut verständliche Gebrauchsanleitung beiliegt, möchte ich Ihnen doch einige Hinweise geben.

Das Pilzsubstrat muß zuerst aufbereitet werden, denn es besteht aus sogenannten »Pellets«. Das sind kleine Röllchen aus gepreßtem, sehr fein gehäckseltem Stroh, in Form und Größe wie kleine Kondensmilchdosen. Sie befinden sich in einem kleinen Plastiksack, in dem sie auch verarbeitet werden.

Gießen Sie in den Plastiksack soviel Wasser, daß die Pellets bedeckt sind. Was in der Gebrauchsanweisung nicht vermerkt ist: Die Strohröllchen saugen sehr viel Wasser auf und zerfallen dabei. Dabei quellen sie aber auch auf, so daß Sie nach einiger Zeit etwas Wasser nachgießen müssen. Das aufgequollene Substrat sollte schließlich knapp mit Wasser bedeckt sein.

Nehmen Sie heißes Wasser — ca. 60 °C —, so geht der Fermentationsprozeß innerhalb des Plastiksacks schneller und gründlicher vor sich. Sie brauchen sich allerdings nicht so sehr genau an die genannte Temperatur halten. Haben Sie im Haus eine Warmwasserversorgung, so können Sie das Wasser aus dem Hahn nehmen. Auch die Heißwassertemperatur aus einem Badewasserboiler oder einem Durchlauferhitzer reicht aus.

Der Sack soll und darf nicht ganz zugebunden werden: Lassen Sie ihn ein wenig offen, damit Gase, die sich beim Fermentieren bilden, entweichen können.

Dabei kommen wir zu einem Punkt, den Sie beachten sollten: Es bildet sich zwangsläufig bei diesem Verfahren ein leicht säuerlicher Geruch, nicht ausgesprochen unangenehm, aber doch vielleicht lästig. Lassen Sie also den Sack nicht in der Küche unter dem Spülbecken oder in der Badewanne liegen. Es heißt zwar »Heimkultur«, und das Aufbereiten des Substrats dauert auch — noch dazu bei Verwendung warmen Wassers — nur 24 bis höchstens 48 Stunden, aber allzu wörtlich sollten Sie die Bezeichnung »Heimkultur« nun doch nicht nehmen. Wählen Sie also besser einen Platz auf dem Balkon, in der Waschküche oder einer anderen geeigneten Stelle.

Nach den 24—48 Stunden wird das Wasser aus dem Sack abgelassen. Zu diesem Zweck stechen Sie mit einem Küchenmesser, einem Schraubenzieher oder einem ähnlichen Instrument einige Löcher in die Unterseite des Plastiksacks, damit das Wasser ablaufen kann. Das dauert mindestens 24 Stunden, besser aber ist, sie warten 48 Stunden, bis das Substrat weiterverarbeitet wird. Bedenken Sie bitte, daß das Wasser einige Zeit braucht, um restlos aus

Wenn Pilze »häuslich« werden

dem Sack herauszusickern. Das Substrat soll zwar bei der Weiterverarbeitung feucht, aber keinesfalls mehr naß sein. Zuviel Nässe würde das An- und Durchwachsen der Brut behindern oder gar zum Mißerfolg führen.

Bevor Sie das Substrat in den Styroporbehälter umfüllen, sollten Sie die darin befindliche Erdmischung gleichmäßig verteilen. Beim Transport kann sie sich ungleichmäßig auf einer Seite des Behälters angesammelt haben. Einfaches, behutsames Rütteln des Behälters genügt schon, Sie können das Grundsubstrat aber auch mit einem Kartonstreifen oder einem ähnlichen Hilfsmittel glätten.

Dieses Grundsubstrat — die Erdmischung — muß nun leicht angefeuchtet werden. Benutzen Sie dazu einen Wäschesprenger oder einen Blumensprüher. Nun verteilen Sie die Hälfte des eingeweichten Strohsubstrats darauf. Drücken Sie es leicht, aber nicht zu fest an.

Der nächste Arbeitsgang ist das Impfen mit der Pilzbrut. In der beigelegten Kulturanleitung steht, daß die Brut nach Eintreffen der Packung sofort entnommen und für die Zeit der Substratvorbereitung im Gemüsefach des Kühlschranks gelagert werden soll. Verfahren Sie aber nicht nach der irrigen Meinung: »Kühl ist gut, kalt ist besser« und legen Sie sie in das Eisfach oder gar in den Tiefkühlschrank. Pilzbrut ist etwas Lebendiges und darf nicht erfrieren!

Verteilen Sie die Brut gleichmäßig in etwa walnußgroßen Stücken auf das eingefüllte Substrat. Sie sollten — wie auch bei allen anderen Bruten — hierbei auf Sauberkeit achten. Waschen Sie sich vorher gründlich die Hände oder benutzen Sie Einmal-Handschuhe aus sehr dünnem Plastik, wie sie zum Beispiel in Drogerien zu kaufen sind. Das ist wichtig für das Gelingen. Ich möchte Ihnen erklären, warum. Dazu ein einfaches Beispiel aus dem Haushalt:

Hausstaub in der Wohnung können Sie normalerweise nicht sehen — nur dann, wenn er sich auf den Möbeln niederläßt. Das weiß jede Hausfrau (und Hausmänner natürlich auch!). Hausstaubmilben, die bei vielen Menschen Allergien hervorrufen können, sind ebenfalls mikroskopisch klein und tummeln sich in unserer Luft. Genauso ist es auch mit Schimmelpilzsporen. Theoretisch stirbt jeder Pilz bei Temperaturen über 30 °C ab. Trotzdem kann sich aber Schimmel auf Lebensmitteln bilden, obwohl Brot bei hohen Temperaturen gebacken, Essen gekocht und Marmeladen sterilisiert werden. Des Rätsels Lösung: Die Schimmelpilzsporen in der Luft, die sich auf den durch den Koch- und Backvorgang sterilen Nahrungsmitteln neu ansiedeln und willkommenen Nährboden finden. Auch an unseren Händen befinden sich deshalb Keime und Schimmelpilzsporen. Natürlich können wir die aus der Luft nicht abhalten, aber dafür ein zusätzliches Einbringen mit unseren Händen verhindern.

Wenn Pilze »häuslich« werden

Ist das Myzel bis an die Substratoberfläche durchgewachsen, mit Erde abdecken.

Die Oberfläche immer leicht feucht halten.

Gute Pflege der Kultur bringt auch gute Erträge.

Wenn Pilze »häuslich« werden

Deswegen ist Sauberkeit ein wichtiges Gebot im Umgang mit Pilzbrut. Selbstverständlich gilt das auch für das Arbeiten mit allen anderen Pilzbruten, die ich Ihnen in diesem Buch noch vorstellen werde.
Bringen Sie nun die zweite Hälfte des Strohsubstrats, wieder unter leichtem Andrücken in die Packung, legen Sie den Deckel auf und lagern Sie die Packung an einem warmen Ort. Idealtemperaturen sind zwischen 20 und 25 °C.
Im Abstand von einigen Tagen sollten Sie den Kartondeckel wieder anheben und die Substratoberfläche mit einem Wäschesprenger oder Ähnlichem leicht anfeuchten. Ansonsten lassen Sie die Kultur in Ruhe. Sie braucht jetzt ca. 30 Tage, damit die Brut im Strohsubstrat durchwachsen kann.
Nutzen Sie die Wartezeit, um sich noch einmal daran zu erinnern, was ich Ihnen bei der Champignon-Heimkultur erklärt habe, oder blättern Sie kurz zurück. Temperaturen über 30 °C lassen die Pilzbrut absterben! Wenn Sie also die Packung zum Durchwachsen auf Balkon oder Terrasse stellen – nie in die Sonne, sondern immer an einen schattigen Platz.
Feuchten Sie das Substrat nie mit dem harten, direkten Strahl einer Gießkanne an! Um die Oberfläche des Substrats wirklich gleichmäßig anzufeuchten, müssen Sie mit dem dünnen Strahl der Kanne viel zu oft über die Oberfläche schwenken und bringen dabei zu viel Wasser ein. Die Pilzbrut könnte dabei regelrecht ersäuft werden, und der Mißerfolg ist vorprogrammiert. Also – immer nur den Wäschesprenger oder den Blumensprüher für leichte, gleichmäßige Feuchtigkeit verwenden.
Natürlich kann ich Ihnen keinen idealen Standort für Ihre Heimkultur empfehlen. Wie gesagt, im Frühjahr, Sommer und Herbst bietet sich ein schattiger Platz auf Balkon oder Terrasse an. Wo aber beides nicht vorhanden ist, tut es auch ein Hobbyraum oder eine Waschküche. Da aber Champignons-, Egerling- und Braunkappenkulturen speziell für die Winterzeit geeignet sind, um auch dann frische Pilze ernten zu können, machen Sie es vielleicht so wie ich bei meinen ersten Versuchen: Stellen Sie den Anzuchtbehälter – wenn dort Platz ist – oben auf den Kühlschrank. Eine Geruchsbelästigung brauchen Sie nicht zu befürchten, auch keine »Krabbeltiere«. Wenn die Erntezeit naht und Packungsdeckel entfernt werden müssen, kann man die Kultur mit einer etwas höheren Haube aus Plastikfolie versehen, die man mit Klebestreifen fixiert. Das schützt vor fettigen Küchendünsten und einige etwas größere Luftlöcher in der Folie sorgen für den nötigen Sauerstoff.
Nach der Durchwachszeit – wie gesagt ca. 30 Tage – kontrollieren Sie den Erfolg. Das weiße, gespinstähnliche Myzel muß sich bis zur Oberfläche oder knapp darunter ausgebreitet haben. Nun wird die im gesonder-

Wenn Pilze »häuslich« werden

ten Beutel gelieferte Deckerde leicht angefeuchtet und gleichmäßig auf dem Strohsubstrat verteilt. Auch hier immer wieder leicht nachfeuchten. Stimmen Temperatur und Feuchtigkeit, hat das Myzel in ungefähr 2 Wochen die Deckerde durchwachsen. Nun wird der Kartondeckel entfernt, und nach ca. 2 Wochen kann die Ernte beginnen. Im Abstand von etwa 10–14 Tagen können Sie in mehreren sogenannten Erntewellen mit insgesamt 2–2,5 kg Pilzen rechnen. Geerntet wird wie bei den Champignons beschrieben durch Herausdrehen der Pilze – nicht aber Abschneiden!
Wenn Sie die gesamte Zeit zusammenrechnen: 2 Tage zum Fermentieren des Strohsubstrats, 2 Tage zum Ablaufen des Wassers, ca. 30 Tage zum Durchwachsen des Strohsubstrats, weitere 14 Tage zum Durchwachsen der Deckerde und dann noch einmal etwa 30 Tage bis zur ersten Ernte, dann kommen Sie insgesamt auf 78 Tage (!). Das ist im Vergleich zu den Champignons sehr viel mehr Zeit, über zwei Monate. Aber die gute Ernte und der vorzügliche Geschmack der frischen Pilze soll Sie über die lange Wartezeit hinwegtrösten.

Schopftintlinge
Der gleiche Hersteller, der Ihnen die Braunkappenkultur liefert (Bezugsquellenverzeichnis), bietet auch in gleicher Verpackung eine Kultur für Schopftintlinge an.
Verwendet wird hier ein Fertigsubstrat, wie es auch für Champignons geeignet ist. Mit dem, was Sie bisher gelesen haben und was ich Ihnen an Tips und Ratschlägen geben konnte, dürften Sie in Verbindung mit der beigelegten, gut verständlichen Kulturanleitung keine Schwierigkeiten haben. Es erübrigt sich also, alles noch einmal zu wiederholen. Einzig ein wichtiger Hinweis soll nicht vergessen werden: Während sich andere Pilze mehrere Tage im Gemüsefach des Kühlschranks aufbewahren lassen, ohne Schaden zu nehmen, müssen Schopftintlinge gleich verbraucht werden. Schon nach kurzer Zeit zersetzen sie sich nämlich zu einer schwarzen, tintenähnlichen Masse (daher auch ihr Name), selbst bei Kühlung!

Schopftintlinge lassen sich auch in Plastiksäcken anbauen.

Wenn Pilze »häuslich« werden

Die Kulturzeit bis zur Ernte beträgt — ähnlich wie bei den Champignons — ca. 3 Wochen.

Shii-Take

Bei diesem würzigen, schmackhaften Pilz muß ich Ihre Hoffnung etwas dämpfen. Bereits vor Jahren gab es einen Versuch, Shii-Take auf Strohsubstrat in einer hohen, runden Dose (wie eine Kakaobüchse) als Fertigpackung anzubieten. Der Erfolg war sehr mäßig und die Kultur wurde bald vom Markt genommen.

Trotzdem ist weiter geforscht und versucht worden, auch wenn die Erfolge noch nicht befriedigend oder gar umwerfend waren. Aber genauso, wie vor gar nicht so langer Zeit noch keine gut funktionierende Braunkappenkultur auf dem Markt war und nun zu kaufen ist, kann es auch mit Shii-Take sein.

Bis ein Buch, wie dieses, fertig ist, vergeht einige Zeit. In etwa 1,5 Jahren entsteht das Manuskript, wird es im Verlagslektorat bearbeitet, dann gesetzt und korrigiert, schließlich gedruckt und in den Handel gebracht. Allein in dieser Zeit kann sich bei Forschern und Pilzzüchtern viel ereignen. Und da ein solches Buch ja wohl auch länger auf dem Markt sein soll, als im Erscheinungsjahr, sind vielleicht schon Erfolge bei einer Shii-Take-Heimkultur zu verzeichnen, wenn Sie dieses Buch in der Hand halten. Deswegen wollte ich — auch aus Gründen der Vollständigkeit — auf diesen Hinweis nicht verzichten.

Austernpilze

Als Heimkulturen angebotene Verfahren beruhen auf der gleichen Anzuchtart in Plastiksäcken, wie Sie sie im nächsten Kapitel erklärt finden. Nur — sie sind eigentlich für Verwendung im Haus, auf dem Balkon oder der kleinen Hausterrasse eine Nummer zu groß. Denn in dieser Form und Größe sind sie ursprünglich für den Garten gedacht gewesen. Die Tatsache allerdings, daß man so einen Plastiksack mit beimpftem Substrat auch an passender Stelle im Haus unterbringen kann, führte zum Angebot auch als Heimkultur.

Nur — diese Komplett-Packungen enthalten *zwei* Plastiksäcke zum Präparieren der Strohpellets, und das enthaltene Strohsubstrat reicht denn auch für zwei Säcke. Wenn Sie berücksichtigen, daß das der Menge von zwei Strohballen entspricht, wissen Sie, warum ich eine solche Komplett-Packung als Heimkultur für eine Nummer zu groß hielt. Einmal ist es ein Platzproblem, zweitens aber ergibt sich auch die Frage: Wohin mit all dem Erntesegen?

Nehmen sie einfach die Hälfte des Strohsubstrats und nur *einen* Sack. Den zweiten und die andere Hälfte des Substrats heben Sie sich an einem trockenen Ort auf.

Wie die Austernpilzkultur präpariert und angesetzt wird, finden Sie ausführlich im nächsten Kapitel beschrieben und außerdem mit Fotos illustriert. Deshalb möchte ich aus Platzgründen nicht zweimal das

Austernpilze lassen sich problemlos anbauen.

Gleiche schreiben und Ihnen auch nicht zumuten, Bekanntes noch einmal lesen zu müssen. Impfen Sie aber auf den einen Sack die *gesamte* Brut, die ja eigentlich für zwei Säcke bestimmt war. Das schadet nicht – im Gegenteil. Erstens einmal läßt sich Brut ohnehin nicht über längere Zeit aufbewahren, sondern muß sofort und frisch verarbeitet werden. Zweitens wächst die Brut in nur einem Sack statt in zweien viel dichter und kräftiger durch.

Ist nach mehreren Erntewellen das Substrat im ersten Sack erschöpft, lassen Sie sich vom Lieferanten eine zweite Portion Brut schicken, präparieren den zweiten Sack und haben damit eine neue Kultur. So haben Sie sogar über die doppelte Zeit hin frische Pilze in der jeweils auch zu verbrauchenden Menge.

Sie können natürlich auch – wie im nächsten Kapitel beschrieben – eine Austernpilzkultur »hausmacherart« als Pilzturm anlegen. Aber dann stehen Sie natürlich bei Verbrauch des gesamten Substrats wieder vor dem Problem des reichen Ertrages. Man kann ja nicht mehrere Tage hintereinander nur Pilze essen, nur weil sie gerade gewachsen sind. Obwohl schmackhaft und gesund bekommt man sie nach kurzer Zeit über. Natürlich gibt es die Möglichkeit, dankbare Nachbarn mit dem Ernteüberschuß zu beglücken. Sie können ein Zuviel aus dem Ertrag auch in schwach gesalzenem Wasser in Konservengläsern einkochen für die spätere Verwendung, aber frisch schmecken sie eben doch besser. Sie können Austernpilze auch trocknen und so in gut verschlossenen Behältern aufbewahren. Aber im Gegensatz zu anderen, würzigeren Pilzen verlieren sie dabei etwas an Aroma. Und hier noch ein Hinweis zum Thema Austernpilz-Heimkultur: Wer zu Heuschnupfen oder Allergien neigt, sollte sie nur auf Balkon oder Terrasse plazieren. Die erntereifen Pilze entwickeln eine Menge kleiner Sporen (das sind die Samen). Sie brauchen nun keine Angst zu haben, daß sie durch die Luft wirbeln, sich auf den Möbeln ansiedeln und eines Tages Pilze aus Ihren Sofakissen wachsen. Aber sie legen sich beim Einatmen auf die Schleimhäute, keimen dort aus und sterben allerdings nach kurzer Zeit wieder ab. Dadurch wird bei empfindlichen Menschen ein Reizhusten ausgelöst, der zwar nach 3–5 Tagen wieder abklingt, aber doch sehr lästig ist. Jemand der eine robuste Gesundheit hat und nicht empfindlich ist, braucht aber nichts zu befürchten.

Wenn Pilze »häuslich« werden

Heimkulturen — »Hausmacherart«

Champignons und Egerlinge

Neben der Anzucht von Pilzkulturen aus im Versandhandel erhältlichen Zuchtansätzen sollen jetzt solche Pilzzuchten vorgestellt werden, die man selbst und ohne großen Aufwand herstellen kann.

Erwarten Sie bitte nicht, daß ich Ihnen hier gewissermaßen das große Einmaleins der Pilzzucht vermittle, und seien Sie deshalb auch nicht enttäuscht. Es gibt nämlich sehr gute Gründe dafür, daß wir uns wirklich nur auf das mit einfachen Mitteln Machbare beschränken. Dazu gehört in erster Linie, daß die notwendigen Mittel für die Pilzkultur einfach zu bekommen sind und keine Spezialkenntnisse erworben werden müssen.

So ist es zum Beispiel mit großen Schwierigkeiten verbunden, einen Nährboden zur Champignonzucht selbst herzustellen. Er erfordert ein ganz bestimmtes Mischungsverhältnis aus Pferdedung oder Stroh und bestimmten Zusätzen. Dann muß das Substrat zweimal fermentiert werden. Geht der zweite Arbeitsgang beim Fermentieren nicht einwandfrei vor sich, muß nochmals ein dritter durchgeführt werden. Das ganze Verfahren läuft recht kompliziert ab, wobei ganz bestimmte Temperaturen und Feuchtigkeitsverhältnisse beachtet werden müssen. Das Material, aus dem der Nährboden entstehen soll, wird in großen Haufen von 1 m Breite und je 1,50 m Länge und Höhe aufgesetzt. Mit der darin enthaltenen Feuchtigkeit wiegt ein solcher Substrathaufen ungefähr 20 Zentner. Sie sehen, das ist für den Haushalt nun doch ein paar Nummern zu groß und überschreitet auch die Möglichkeiten, die sich im Garten bieten. Und wer kann schon 20 Zentner Champignonsubstrat gebrauchen, wenn er sich eine Heimkultur anlegen will? Mit kleineren Mengen den Versuch machen zu wollen, ist zwecklos. Die beim Fermentieren erforderlichen Temperaturen entstehen nur im Inneren der Substrathaufen, wenn Material in genügend großer Menge ausreichend hoch aufgeschichtet ist.

Austernpilzkultur auf einer Blumentreppe.

Wenn Pilze »häuslich« werden

Für den Pilzturm geeignete Kisten sollen Eckleisten haben.

Wenn nötig den Boden mit einer Pappe auslegen, um ihn zu verstärken.

Dann wird die Kiste mit Plastik ausgelegt und die Folie befestigt.

Wenn Pilze »häuslich« werden

Die Kiste wird bis zur Hälfte mit Champignonkompost gefüllt.

Darauf wird die Champignon- oder Egerlingbrut verteilt.

Dann wieder mit Champignonkompost abdecken.

Wenn Pilze »häuslich« werden

Um ein Verdunsten der Feuchtigkeit in Grenzen zu halten, kann man den Pilzturm mit Folie abdecken.

Angefeuchtete Zeitungen erfüllen den gleichen Zweck.

Wenn Pilze »häuslich« werden

Auch das Herstellen von Brut ist ein sehr schwieriger Prozeß. Unter Brut versteht man das Pilzmaterial, das zum Impfen des Substrats benötigt wird. Wichtig dabei ist außerdem, daß bei den komplizierten Arbeiten ein steriler Raum zur Verfügung steht, den man wohl kaum in Haus oder Garten findet.

Das also sind zwei der guten Gründe, warum ich Ihnen raten möchte, auf fertiges Substrat und käufliche Pilzbrut zurückzugreifen.

Die Großhersteller von Champignonsubstrat waren bisher nicht bereit, kleine Mengen zu liefern. Auch heute noch ist das kleinste Gebinde 25 kg, und dann meist bereits fertig geimpftes Substrat, viel zu viel für unseren geringen Bedarf.

Seit kurzem nun ist reines, ungeimpftes Champignonsubstrat auf dem Markt, zu dem Sie dann noch entweder Champignon- oder Egerlingbrut besorgen müßten. Das Substrat ist in 30-Liter-Beuteln abgepackt, die Brut bekommen Sie vom gleichen Lieferanten. (Bezugsquellenverzeichnis). Bestellen Sie aber ausdrücklich das Spezial-Substrat, damit keine Verwechselungen mit dem ebenfalls im Sortiment käuflichen Strohsubstrat vorkommen.

Sie haben nun zwei Möglichkeiten, mit diesem Substrat zu arbeiten: Der Beutel kann so, wie er bei Ihnen ankommt, flach auf den Boden gelegt werden. Die Oberseite wird auf der ganzen Fläche aufgeschnitten und das Folienmaterial wie ein Deckel entfernt. Der Beutel dient nun gewissermaßen als Anzuchtbehälter. Das Substrat wird mit der Champignonoder Egerlingbrut geimpft und die weitere Behandlung geht vor sich, wie ich es Ihnen schon im vorhergehenden Abschnitt beschrieben habe. Die andere Möglichkeit ist, das Substrat in andere Behälter umzufüllen. Sie können dazu nach Belieben etwas größere, runde oder eckige Plastikschüsseln nehmen. Champignons und Egerlinge können Sie auch in Blumenkästen oder — auf Balkon und Terrasse an einem schattigen Platz — in einem sogenannten Pilzturm ziehen. Dazu besorgen Sie sich ein paar leere Obstkistchen (auch »Steigen« genannt). Achten Sie aber darauf, solche zu bekommen, die an den vier Ecken über den Rand hinausstehende Leisten haben.

In solchen Kisten wird in Supermärkten, Obstgeschäften und auf Marktständen Obst und Gemüse angeliefert. Es sind sogenannte Einwegverpackungen, die vom Lieferanten nicht zurückgenommen werden. Die Verkäufer sind manchmal richtiggehend froh, die Kistchen kostenlos abgeben zu können, wird doch der Müllberg dadurch etwas kleiner.

Schlagen Sie die Kistchen innen mit Plastik aus. Dazu eignen sich zur sinnvollen Weiterverwendung zum Beispiel aufgeschnittene Plastik-Einkaufstüten. Befestigen läßt sich die Folie am Rand mit Reißzwecken, einem sogenannten »Tacker« oder —

Wenn Pilze »häuslich« werden

Der Beutel mit dem Substrat wird an den vorgezeichneten Linien aufgeschnitten.

Gut mit Myzel bewachsene Körnerbrut für Schopftintlinge.

Die Brut muß gründlich in das Substrat eingearbeitet werden.

Wenn Pilze »häuslich« werden

Nach dem Impfen den Beutel wieder schließen...

...und den Deckel mit Klebstreifen befestigen.

Deutlich sichtbar ist das Myzel von den Brutkörnern aus ins Substrat eingewachsen.

Wenn Pilze »häuslich« werden

da das Material dünn und das Holz weich ist — auch einem Klammerhefter, mit dem man ansonsten Papiere zusammenheftet.

In diese präparierten Kistchen füllen Sie nun das Substrat, impfen es mit Brut und stellen die Kisten aufeinander. Durch die überstehenden Eckleisten ergibt sich zwischen den Kisten ein Abstand, der Luft zirkulieren läßt und den Pilzen Platz zum Wachsen bietet.

Denken Sie bitte daran, daß die Kultur — gleich welchen Behälter Sie wählen — nie austrocknen darf und mit Wäschesprenger oder Sprüher immer leicht feucht gehalten werden muß. Und — nach jeder Erntewelle soviel Wasser nachgeben, wie das Gewicht der geernteten Pilze ausmacht. Das gilt auch für die beiden folgenden Kulturen.

Schopftintling und Violetter Ritterling

Beide Pilzarten wachsen auf dem gleichen Substrat, wie Champignons und Egerlinge. Der gleiche Lieferant versorgt Sie auch mit Brut zum Impfen. Den Bruten liegt ebenfalls jeweils eine Kulturanleitung bei, so daß ich sie im einzelnen nicht wiederholen muß.

Schopftintlinge sind Pilze, die höher wachsen, als Champignons und Egerlinge. Deshalb eignet sich der Pilzturm wegen des geringen Abstandes weniger. Stellen Sie in diesem Falle die Kistchen besser nebeneinander. Im übrigen möchte ich Sie hier noch einmal an das erinnern, was ich im vorigen Kapitel — bei den Fertigpackungen — über die Lagerfähigkeit der Tintlinge geschrieben habe.

Braunkappen (Kulturträuschlinge)

Wie eine Braunkappen-Fertigkultur behandelt wird, habe ich Ihnen ja schon im vorigen Kapitel ausführlich erklärt. Das Gleiche gilt auch für die Kultur »hausmacherart«.

Das heißt, es ändert sich nichts an der Aufbereitung des Substrats, dem Impfen, den Durchwachszeiten und der Pflege. Nur der Umfang der Bestellung ist ein anderer.

Sie brauchen einen Beutel Strohsubstrat (der Inhalt der gepreßten Pellets entspricht etwa einem normalen Strohballen) und die beiden beigelegten Kunststoffbeutel zum Fermentieren. Ferner einen Beutel Kompostsubstrat und eine Packung Braunkappenbrut. Im Gegensatz zur Heimkultur, wo die beigepackte Brut schon auf Stroh eingewachsen ist, bekommen Sie hier eine Körnerbrut.

Sie erinnern sich vielleicht — bei der Beschreibung der Braunkappen-Heimkultur war ja die Erdmischung am Behälterboden und die Erde zum Abdecken erwähnt. Dafür brauchen Sie hier bei Ihrer »Hausmacherkultur« das Kompostsubstrat. Braunkappen brauchen — ganz gleich für welchen Behälter eigener Wahl Sie sich entscheiden — unter dem Strohsubstrat Bodenkontakt und oben eine Abdeckung. Dazu brauchen Sie das Kompostsubstrat.

Wenn Pilze »häuslich« werden

Das Strohsubstrat quillt nach dem Wässern um ein Mehrfaches auf.

Ich hatte oben geschrieben, daß die Strohpellets etwa einem Strohballen entsprechen. Das stimmt zwar von der Menge, nicht aber von den Ausmaßen. Trotzdem ergibt das präparierte Substrat eine beachtliche Menge. So empfiehlt sich diese Heimkultur in einem Pilzturm oder verteilt auf mehrere Behälter wie Plastikwannen oder Blumenkästen. Sehr gut eignet sich auch ein preiswerter kleiner Plastik-Mörtelkübel aus dem Baumarkt. Braunkappen eignen sich übrigens bei reicher Ernte aus einer so großen Heimkultur sehr gut zum Trocknen, lassen sich aber auch einwandfrei einmachen. Entsprechende Vorschläge finden Sie am Ende des Buches.

Austernpilze auf Strohsubstrat
Das gleiche Strohsubstrat, wie es bei den Fertigpackungen für Braunkappenkultur und für die »Hausmacherart« verwendet wird, benutzen wir auch für die Anzucht von Austernpilzen.
Bestellen Sie sich einen Sack Strohsubstrat, die zwei Plastiksäcke zum Fermentieren sind — wie im vorigen Abschnitt bei den Braunkappen beschrieben — enthalten. Deckerde ist nicht notwendig.
Verteilen Sie die Strohpellets zu 2 gleichen Teilen in die beigelegten Plastiksäcke und bedecken Sie sie mit Wasser. Am besten nehmen Sie dazu warmes Wasser aus der Was-

Wenn Pilze »häuslich« werden

serleitung, dem Badewannenboiler oder dem Durchlauferhitzer, dann geht das Fermentieren schneller und intensiver.
Die Strohpellets saugen das Wasser sehr schnell auf und fallen dabei zu einem Brei auseinander. Sie müssen nach kurzer Zeit noch einmal Wasser nachgießen, und zwar soviel, daß der Strohbrei schließlich knapp mit Wasser bedeckt ist.
Die Plastiksäcke werden oben nur sehr locker zugebunden, damit die sich beim Fermentieren bildenden Gase entweichen können. Das ist gewissermaßen ein Gärprozeß, und dabei entsteht ein säuerlicher Geruch. Also − das Fermentieren ist nicht für bewohnte Innenräume geeignet. Wählen Sie dafür Keller, Hobbyraum oder Waschküche.
Nach 6 Tagen ist bei normalen, sommerlichen Temperaturen der Vorgang abgeschlossen und das Wasser wird abgelassen, womit auch in kurzer Zeit der Geruch verschwindet. Bei kühleren Temperaturen 10 Tage fermentieren. Zum Ablassen des Wassers werden mit einem Messer, einem Schraubenzieher oder einem ähnlichen Instrument einige Löcher in den Boden der Säcke gestochen. Selbstverständlich ist das eine Arbeit, die man nur im Freien machen sollte, das ablaufende Wasser riecht nicht sehr gut! Im Notfall aber geht das über dem Bodenablauf der Waschküche. Hinterher aber sollten Sie mit frischem Wasser den Boden nachspülen.

24−48 Stunden braucht es, bis alles überschüssige Wasser aus den Säkken herausgesickert ist und ein gut feuchtes, aber nicht nasses gebrauchsfertiges Strohsubstrat zurückbleibt.
Es gilt für diese Art der Austernpilz-Anzucht das gleiche, was auch bereits im vorigen Kapitel gesagt wurde: Wer zu Heuschnupfen oder Allergien neigt, sollte diese Pilzart nur auf Balkon oder Terrasse ziehen, nicht in bewohnten Räumen. Auch daß Pilze nicht in die Garage gehören und daß sie nicht gedüngt werden dürfen, kann nicht oft genug betont werden. Als Behälter für die Kultur eignen sich Blumenkästen, Plastikwannen, mit Folie ausgeschlagene Obstkisten oder ähnliche Holzbehälter. Von Metall möchte ich aber in jedem Fall abraten. Sehr gut funktioniert die Pilzzucht auch in den kleinen, rechteckigen Mörtelkübeln, die es preiswert im Baumarkt zu kaufen gibt.
Wenn Sie die Pilzbrut nicht über den Gartenversand nach Katalog beziehen wollen, so bekommen Sie vom gleichen Hersteller, der auch das Substrat liefert, Packungen mit Austernpilz-Brut. Auf jeden Fall können Sie sowohl das Substrat als auch die Brut in Ihrer Samenhandlung bestellen. Die Herstellerangabe finden Sie am Ende des Buches im Bezugsquellennachweis.
Die Pilzbrut ist in einem Plastikbeutel abgefüllt und im Karton verpackt. Es handelt sich dabei um eine sogenannte Körnerbrut, also um mit

Wenn Pilze »häuslich« werden

Austernpilz beimpfte Getreidekörner. Beim Öffnen der Packung sieht die Brut im Plastikbeutel wie ein großer Camembert-Käse aus — zu einem Klumpen zusammengewachsen und außen herum mit einer weißen Schicht versehen. Lassen Sie sich dadurch nicht stören! Der weiße Überzug ist nicht etwa ein Zeichen dafür, daß etwas verdorben ist. Ganz im Gegenteil, er beweist, daß die Brut äußerst lebendig ist. Kurz nach dem Beimpfen der sterilisierten Getreidekörner beginnt das Myzel zu wachsen. Besonders fleißig tut es das an der Außenseite, wo es Sauerstoff bekommt. Aber auch innen beginnt das Wachstum, es umspinnt die Körner mit ganz feinem Myzel und backt sie etwas zusammen, wodurch der Klumpen entsteht, den Sie im Plastikbeutel finden.

So eine Brut hält sich zwar im Kühlschrank 3—4 Wochen, aber auf dem Versandweg ist sie natürlich höheren Temperaturen ausgesetzt und beginnt bereits je nach Dauer kräftig zu wachsen. Wenn Sie sie nicht sofort verwenden, bewahren Sie sie am besten für einige Tage im Kühlschrank auf, sonst passiert Ihnen das, was ich bei meinen ersten Versuchen mit Austernpilzen erlebt habe. Ich hatte die Packung in einem sehr kühlen, aber feuchten Kellerraum aufbewahrt. Plötzlich wuchsen aus dem Kartondeckel die ersten kleinen Austernpilze heraus. Aber auch das ist noch keine Katastrophe, sondern beweist nur die Lebensfähigkeit der Brut.

Wenn Sie ähnliches erleben, ist es nun aber wirklich höchste Zeit zum Verarbeiten der Brut. Schneiden Sie die kleinen Pilze mit einem scharfen Messer ab, und verwenden Sie die Brut sofort.

Wenn die Körnerbrut noch frisch bei Ihnen ankommt, streuen Sie die Körner auf das Substrat im Beutel und mischen sie gut durch. Hält das Myzel die Körner bereits zusammen, brechen Sie den Block in größere Stücke und zerbröckeln Sie ihn. Das geht ganz einfach, und die Brut läßt sich gut unter das Substrat mischen. Ganz gleich aber, ob die Brut noch frisch oder bereits zusammengewachsen bei Ihnen eintrifft, sollten Sie sich vor dem Verarbeiten unbedingt die Hände sorgfältig waschen und bürsten, damit keine zusätzlichen Keime über Ihre Hände in das Substrat kommen.

Mit dem Präparieren des Substrats und dem Untermischen der Brut ist eigentlich auch schon alles getan, damit unsere Austernpilze wachsen können. Das Gemisch muß von Ihnen nur noch in geeignete Behälter gefüllt werden, von denen ich Ihnen ja zu Beginn dieses Abschnittes einige vorgeschlagen habe.

Sinngemäß gilt auch für diese Art Pilze zu ziehen, was bereits bei den anderen Kulturen erwähnt ist: Das Substrat darf weder austrocknen, noch darf zuviel Wasser nachgegeben werden. Die günstigste Temperatur für ein gutes, schnelles Wachstum liegt zwischen 15 und 20 °C, die Pilze

Wenn Pilze »häuslich« werden

Austernpilze lassen sich auch auf Strohsubstrat in Plastiksäcken ziehen.

Eine Packung Pellets wird auf zwei Beutel verteilt.

Dann werden die Strohpellets gewässert.

Wenn Pilze »häuslich« werden

Durch Schnitte im Boden des Sackes fließt das überschüssige Wasser ab.

Einwandfreie Brut ist rein weiß, verdorbene setzt braunen oder grünen Schimmel an.

Die Brut wird auf die Substratoberfläche gegeben.

Wenn Pilze »häuslich« werden

Substrat und Brut werden gut durchgemischt.

In die zugebundenen Säcke werden hühnereigroße Löcher für die Luftzufuhr geschnitten.

Zeigen sich die ersten Pilze, wird der Sack geöffnet. Er kann sowohl drinnen als auch im Garten stehen.

Wenn Pilze »häuslich« werden

gedeihen bei Temperaturen von 8–28 °C. Bei Kulturen auf Balkon oder Terrasse muß ein schattiger Standort gewählt und direkte Sonneneinstrahlung vermieden werden. Ebenso ist das zeitweise Abdecken mit Folie zu empfehlen, die ein günstiges Kleinklima für die Pilzkultur bewirkt. Beim Standort für die Kultur der Austernpilze muß man berücksichtigen, daß sie zum Wachsen und Gedeihen unbedingt Licht und Luft benötigen.

Statt das beimpfte Substrat in Behälter umzufüllen, können Sie es auch in den Beuteln belassen. Sie werden oben wieder zugebunden, damit nicht so viel Feuchtigkeit verdunstet. Zur Sauerstoffzufuhr werden im oberen, unbefüllten Teil des Sackes einige hühnereigroße Löcher geschnitten. Zeigen sich auf der Substratoberfläche die ersten Anzeichen des Wachstums in Form kleiner weißer Knötchen, wird der Sack geöffnet und bis kurz über das Substrat heruntergerollt.

Austernpilze brauchen zum Wachstum unbedingt neben Luft auch Licht. Im dunklen Kellerraum gedeihen sie nicht, statt der erwarteten Pilze erscheinen aus Lichtmangel nur verkrüppelte, knotige Gebilde.

Auf dem Balkon bitte die Kulturen schattig stellen, erinnern Sie sich: bei über 30 °C stirbt die Kultur ab!

Wenn Sie auf richtige Temperatur, Feuchtigkeit und einen schattigen Standort achten, können Sie nach ungefähr 3–4 Wochen mit der ersten Ernte rechnen. Meist sind zwischen den einzelnen Erntewellen ca. 4 Wochen Pause, und die gesamte Wachstumszeit kann sich über 6 Monate erstrecken, ehe das Substrat erschöpft ist.

Bitte denken Sie aber daran, daß die Austernpilz-Kultur in geschlossenen Räumen nur dann zu empfehlen ist, wenn Sie nicht überempfindlich auf die Sporen reagieren! Sonst verzichten Sie lieber auf diese Pilzart und wählen statt dessen den weißen Zuchtchampignon, Egerlinge oder Braunkappen (Kulturträuschling) für die Kultur im Haus.

Winterpilze im Glas

Um Mißverständnissen vorzubeugen — damit ist nicht die in Konservengläsern eingemachte Ernte des Sommers gemeint, auf die man im Winter zurückgreifen kann. Es handelt sich vielmehr um den Samtfußrübling, der im Volksmund auch »Winterpilz« genannt wird. Er hat seinen Namen bekommen, weil seine Fruchtkörper nur bei Temperaturen bis höchstens 15 °C erscheinen. Bei Freilandkultur wird der Samtfußrübling auf Holzstämmen gezogen. Es gibt aber auch eine Möglichkeit, diesen Pilz in geschlossenen Räumen zu ziehen, wie es zum Beispiel in Japan seit langem praktiziert wird. Als Anzuchtbehälter werden dort weithalsige Kunststoffflaschen benutzt. Der Nährboden besteht aus Sägemehl und Reiskleie.

Ich habe mir ein Verfahren überlegt, nach dem man auch bei uns eine sol-

Wenn Pilze »häuslich« werden

Winterpilze können in Plastikgefäßen als Zimmerkultur gezogen werden.

che Zimmerkultur anlegen kann. Für den Nährboden wird Sägemehl benutzt, die in Japan verwendete Reiskleie kann durch Weizenkleie ersetzt werden, die es abgepackt in Drogerien und Reformhäusern gibt. Körnerbrut für den Winterpilz in passenden, kleinen Mengen versendet die Burbacher Pilzfarm.

Als geeignet möchte ich Ihnen Buchenholzsägemehl empfehlen, wie Sie es in Metzgerei-Bedarfsgeschäften in der Nähe von Schlachthöfen bekommen können. Ich habe dort selbst immer ohne Schwierigkeiten die benötigten Mengen gekauft. Sie erhalten dort lebensmitteltechnisch unbedenkliche Produkte. Sägemehl aus Schreinereien ist zwar einfacher zu bekommen, aber man kann nie wissen, ob das Holz, von dem es stammt, nicht mit irgendwelchen chemischen Mitteln präpariert oder geschützt worden ist.

Weizenkleie gibt es in Supermärkten im Regal, wo Sie auch andere Diät- und Reformprodukte finden. Ganz sicher aber finden Sie das Gewünschte in Apotheken, Drogerien und Reformhäusern.

Mischen Sie vier Gewichtsteile Sägespäne und ein Gewichtsteil Weizenkleie miteinander. In einem Kleiepaket sind im allgemeinen 250 g enthalten. Diese 250 g müssen also mit 1000 g Sägemehl versetzt werden, so daß eine Gesamtmenge von 1250 g Substrat entsteht.

Man kann damit rechnen, daß von einem solchen Substrat für Heimkulturen drei Erntewellen im Abstand von jeweils 14 Tagen zu erreichen sind. Bei dem angeführten Mischungsbeispiel von insgesamt 1250 g ergibt sich ein ungefähres Substratvolumen von 5 Liter. Sie können mit Ihrem Substrat also ungefähr fünf 1-Liter-Einmachgläser füllen und haben eine Ernte von etwa 500 g zu erwarten. Zu solchen Gläsern rate ich Ihnen für

Wenn Pilze »häuslich« werden

die Heimkultur nicht deswegen, weil sie den in Japan benutzten Plastikflaschen ähneln, sondern weil sie zur Behandlung der Kultur nach der Durchwachsphase am geeignetsten sind.

Bestellen Sie sich bei einer Pilzfarm die entsprechende Menge Körnerbrut unter Angabe der von Ihnen verwendeten Litermenge an Substrat, und mischen Sie sie mit dem Klee-Sägemehl-Substrat gut durch. Alles zusammen wird nun in 1-Liter-Einmachgläser gefüllt.

Da sowohl das Sägemehl als auch die Kleie völlig trocken sind, muß beim Einfüllen die zum Myzelwachstum notwendige Feuchtigkeit zugegeben werden. Es gilt hier auch, was schon bei den anderen Heimkulturen gesagt wurde: Nicht zu viel Wasser zusetzen.

Auf der Pilzfarm wird für das Substrat Sägemehl von frisch geschlagenen Bäumen genommen, das dann genau die richtige Feuchtigkeit hat. Bei unserer Heimkultur wenden wir dazu einen kleinen Trick an. Das Gemisch aus Substrat und Brut wird in den Gläsern nach und nach jeweils eine Daumenbreite hoch eingefüllt und jede Schicht mit einem Blumensprüher leicht angefeuchtet. Sind die Gläser gefüllt, werden sie mit Haushaltsfolie (nicht Alu-Folie!) verschlossen. In die Abdeckung bitte ein paar Löcher für den Luftaustausch stechen.

Die Feuchtigkeit, die von der Oberfläche unseres Nährbodens aufsteigt, schlägt sich an der Folie zum größten Teil nieder und tropft wieder zurück ins Substrat. Es entsteht also im Glas unter der Folie ein feuchtwarmer Treibhauseffekt, und das sind für das Wachstum des Myzels ausgezeichnete Bedingungen.

Die gefüllten Gläser müssen nun (bei Zimmertemperatur) 5–6 Wochen stehen. In Japan hat man besonders geheizte Räume dafür, in denen eine Temperatur zwischen 25 und 30 °C herrscht. Wir können gute Wachstumsbedingungen auch hier wieder mit einem Trick erreichen.

Wärme steigt ja bekanntlich aufwärts. Vielleicht haben Sie diesen Effekt in Ihrem Haushalt schon selbst gespürt. Steigt man auf eine Trittleiter, um eine Birne in der Lampe auszuwechseln, oder auf einen Stuhl, um oben auf den Schränken Staub zu putzen, kommt es einem viel wärmer vor. Das

Konservengläser lassen sich gut verwenden.

Wenn Pilze »häuslich« werden

stimmt auch. Der Temperaturunterschied kann ungefähr 2 °C ausmachen. Sind also während der Heizperiode Wohnräume auf durchschnittlich 22 °C erwärmt, suchen wir uns für die präparierten Gläser einen Platz oben auf einem Schrank. Dort stehen sie dann immer etwas wärmer, und das bekommt dem Myzelwachstum gut. Ein anderer, gut geeigneter Platz findet sich dort, wo Heizungskörper unter dem Fenster mit einer Fensterbank aus Kunststein oder Marmor eingebaut sind. Wo sich Blumen und Grünpflanzen wohlfühlen, haben auch unsere präparierten Gläser durch die aufsteigende Heizungsluft »warme Füße«.

Ganz unkompliziert ist es, wenn Sie die warme Spätsommer- oder Frühherbstzeit ausnutzen. Stellen Sie die beimpften Gläser an einen warmen Platz, und lassen Sie das Substrat von dem Myzel durchwachsen.

Nach 5–6 Wochen – ganz gleich, ob im Freien oder im Zimmer – läßt sich bei den Gläsern ganz deutlich erkennen, daß das Myzel sich ausgebreitet hat und die Durchwachsphase beendet ist. Um aber ernten zu können, müssen Temperaturen unter 15 °C herrschen. Nicht ohne Grund heißt der Samtfußrübling »Winterpilz«.

Es ist nicht so, daß die Ernte sich unmittelbar an die Durchwachsphase anschließen muß. Für Freilandkulturen, für die der Samtfußrübling auf Holzstämmchen gezogen wird, impft man das Holz im Frühjahr, und dann ruht das Myzel, bis daraus bei entsprechend niedrigen Temperaturen zur Spätherbst- und Winterzeit die Fruchtkörper erscheinen. So schadet es also gar nichts, wenn wir die Gläser bereits bei Sommertemperaturen vorbereiten und durchwachsen lassen und die Kultur dann bis zur kalten Jahreszeit ruht. Wir müssen nur darauf achten, daß ab und zu die Kultur leicht nachgefeuchtet wird, damit sie nicht austrocknet und das Myzel nicht abstirbt.

Sowohl bei den Kulturen auf Holzstämmen als auch bei denen im Glas kann man einen Trick anwenden, um zu Fruchtkörpern zu kommen – den »Kälteschock«. Sind keine Außentemperaturen über 15 °C mehr zu erwarten, werden die Gläser mit dem durchwachsenen Substrat für 3–4 Stunden in eine Tiefkühltruhe oder das Gefrierfach des Kühlschranks gelegt oder gestellt. Bei Außentemperaturen unter 0 °C können Sie die Kulturen auch eine Nacht ins Freie stellen.

Nach diesem »Kälteschock« kommen die Gläser für 3 Tage in den Kühlschrank. Anschließend sollen sie dann an einem sehr kühlen Platz stehen, wo die Temperaturen nicht mehr über 10 °C steigen. Bald darauf erscheinen dann die Pilze auf der Substratoberfläche.

Ich kann Ihnen keinen allgemeingültigen Zeitplan geben, dafür sind die Witterungsbedingungen zu unterschiedlich. Sie selbst werden es am besten wissen, welches Klima an Ihrem Wohnort herrscht, so daß Sie

Wenn Pilze »häuslich« werden

sich den Zeitplan für Ihre Winterpilzkultur selbst einteilen sollten.

Den Ertrag an Samtfußrüblingen können Sie noch mit einem Trick steigern. Nachdem die Kulturen den Kälteschock bekommen haben, der das Wachstum der Fruchtkörper anregt, biegen Sie sich aus dünnem Karton oder festem Zeichenpapier einen Ring der etwa 10 cm hoch sein sollte und genau in die Glasöffnung paßt. Sie setzen dem Glas praktisch einen Zylinder auf. Beginnen die Pilze nun zu wachsen, so streben sie natürlich nach oben, um an Licht und Luft zu gelangen und bekommen dadurch lange Stiele. Diese sind aber bei den Samtfußrüblingen zart und können mitverwertet werden. Da dieser Pilz ein sehr kräftiges Aroma hat und sich deswegen gut als Würzpilz für Soßen und Suppen eignet, braucht man nicht viel, um einem Gericht Geschmack zu geben. Da pro Liter Substrat mit ca. 100 g Pilzen zu rechnen ist, macht alles etwas aus, das wir »aus dem Zylinder« zusätzlich zaubern können. Sie merken jetzt auch, warum man für die Heimkultur Einmachgläser als Behälter benutzt: Mit ihnen funktioniert der »Hut-Trick« ganz einfach, und die Gläser sind für den Kälteschock leichter als andere Behälter in der Tiefkühltruhe und dem Kühlschrank unterzubringen. Natürlich können Sie das Substrat auch in flache Kästen oder Kunststoffschalen füllen. Dann empfiehlt es sich allerdings, die Behälter mit ihrem Inhalt dem ersten Nachtfrost auszusetzen und sie anschließend an einen kühlen und luftigen Ort zu stellen.

Ganz gleich aber, in welchem Gefäß Sie Samtfußrüblinge ziehen, die Ernte ist immer gleich. Die Pilze werden unmittelbar oberhalb des Substrats abgeschnitten. Da die Stiele dünn und weich sind, können Sie ein scharfes Messer oder auch eine Schere verwenden. In Japan ist übrigens beobachtet worden, daß der Samtfußrübling das Wachstum von Krebszellen hemmt. Ich persönlich möchte eine solche Nachricht mit viel Vorsicht und Zurückhaltung weitergeben. Bei einer so schweren und tückischen Krankheit sollte man nicht Hoffnungen wecken, die sich nicht erfüllen lassen. Andererseits aber wissen wir auch, daß viele unserer einheimischen Kräuter altbekannte Heilwirkung haben. Warum soll also in diesem Pilz nicht ähnliches verborgen sein?

Damit möchte ich den ersten Teil dieses Buches, in dem ich Ihnen die Heim- und Zimmerkulturen vorgestellt habe, abschließen. Ich hoffe, daß gerade diejenigen, die keinen Garten haben, mit viel Freude und Spaß die Pilzzucht zu Hause beginnen. Der zweite Teil soll denjenigen Tips und Anregungen bieten, die einen Haus- oder Kleingarten mit einer Ecke haben, in der ein kleines Pilzgärtchen seinen Platz finden kann.

Pilze im Garten

Erträge in der kleinsten Ecke

Ganz sicher ist der Wunsch, Pilze genau so einfach wie Salat oder Gemüse im Garten zu ziehen, der Grund dafür gewesen, daß seit Beginn der 80er Jahre das Angebot an einfach zu verarbeitender Pilzbrut sprunghaft angestiegen ist. Kenner allerdings haben sich schon viel länger mit Pilzanbau befaßt. Es gab sowohl Fachliteratur als auch Adressen von Pilzfarmen, wo man Brutmaterial beziehen konnte. Nur war das vor Jahren noch ein Hobby für wenige Eingeweihte, und es gehörte schon einiges an Spezialwissen dazu, sich erfolgversprechend mit dem Anbau von Speisepilzen zu befassen.

Inzwischen haben Zuchtbetriebe robustes, ertragreiches und einfach zu verarbeitendes Brutmaterial entwickelt, das die Möglichkeit bietet, Pilze auch ohne spezielle Vorkenntnisse und ohne großen Aufwand in einer Ecke des Haus- oder Kleingartens ansiedeln zu können.

Neben dem Vorteil, aus dem Garten einen weiteren Ertrag zu erzielen, kommt natürlich, daß es sich um Zuchtpilze handelt, die eindeutig eßbar sind und nicht mit giftigen Exemplaren verwechselt werden können. Spitzenreiter unter den Zuchtpilzen sind zwei Sorten: der Kulturträuschling, der auch »Braunkappe« genannt wird, und der Austernpilz. Beide haben nämlich den Vorteil, problemlos auf Strohballen gezogen werden zu können. Diese Anzuchtart bringt einen hohen Ertrag, und es sind dafür keine besonderen Vorkenntnisse nötig. Allein die Beachtung einiger weniger Anzucht- und Pflegehinweise genügt, um mit einem sicheren Erfolg rechnen zu können. Ein weiterer Vorteil dieser beiden Sorten besteht darin, daß die benötigte Brut nicht nur allein von Pilzfarmen zu beziehen ist, sondern nach Katalog von nahezu allen Gartenversendern bestellt werden kann.

Austernpilz- und Braunkappen-Brut kann man heute genauso wie eine Tüte Radieschen- oder Möhrensamen im Geschäft kaufen oder nach Katalog bestellen. Da außerdem auch der Anfänger mit diesen beiden Sorten auf Strohballen auf Anhieb Erfolg hat, haben beide Pilze innerhalb kurzer Zeit eine weite Verbreitung und große Beliebtheit erreicht. Austernpilze lassen sich wie eine ganze Anzahl anderer Arten nicht nur auf Stroh, sondern auch auf Holzstämmen anbauen. Um Ihnen den Freilandanbau von Speisepilzen aber so einfach und logisch wie möglich zu erläutern, möchte ich mit der Strohballen-Anzucht beginnen und dann mit dem Anbau auf Holzstämmen fortfahren.

Lassen Sie mich bitte noch eines vorab bemerken, was ich auch schon an anderer Stelle bei den Champignons und Heimkulturen geschrieben habe: Zur Herstellung von Brutmaterial benötigt man hohe Spezialkenntnisse, besondere Geräte und

Pilze im Garten

sterile Laborräume. Genauso, wie ein Kleingärtner seinen Blumen- und Gemüsesamen in Tütchen von bewährten Herstellern kauft, so sollten auch wir unsere Pilzbruten von erfahrenen Zuchtbetrieben beziehen. Die Adressen finden Sie im Anhang des Buches bei den Bezugsquellen.

Freilandkultur auf Strohballen — Braunkappen und Austernpilze

Braunkappen und Austernpilze sind bisher die beiden einzigen Pilzarten, die sich auf Stroh als Nährboden ziehen lassen, ohne daß das Substrat besonders behandelt werden muß. Wir wollen uns auf ein Strohsubstrat beschränken, das uns ohne besondere Vorbereitung gebrauchsfertig zur Verfügung steht: den Strohballen. Die Vorbereitung der Ballen, das Impfen sowie Pflege und Kulturmaßnahmen sind bei beiden Pilzarten gleich. Ich werde sie Ihnen also zum Beginn erklären und jeweils die Eigenheiten beider Pilzarten gesondert beschreiben.

Welches Stroh ist geeignet?

Sie können Roggen-, Weizen- oder Gerstenstroh in Ballenform gleich gut verwenden. Im allgemeinen können Sie Strohballen in Futtermittelhandlungen, bei Landwirtschaftlichen Genossenschaften oder auf einem Bauernhof bekommen. So ein Ballen wiegt ungefähr 10–15 kg, er läßt sich also bequem im Kofferraum eines Pkw transportieren. Legen Sie sicherheitshalber den Kofferraum mit einer Plastikfolie aus, weil aus den Ballen Staub und Strohteilchen herausfallen, die sonst mühselig mit dem Staubsauger entfernt werden müßten.

Das Stroh muß so frisch wie möglich sein, es sollte also aus der letzten Ernte stammen. Wenn Sie eine Pilzkultur im Frühjahr anlegen, sollte das Stroh aus der Ernte des vergangenen Jahres sein. Für Herbst- und Winterkulturen erhalten Sie meist schon das Stroh aus der gerade abgeschlossenen oder noch andauernden Ernteperiode.

Frisches Stroh erkennen Sie an seiner Farbe und Struktur. Es ist goldgelb bis braungelb, knackig frisch und läßt sich sehr schwer zerreißen. Altes Stroh sieht graugelb bis grau aus, seine Halme sind morsch, lassen sich leicht zerreißen, und das Stroh riecht muffig und moderig. Diese Zersetzungserscheinungen treten am ehesten durch falsche, zu feuchte Lagerung auf.

Es ist aber kaum damit zu rechnen, daß Ihnen solche Ballen angeboten werden — Landwirte, Genossenschaften und Futtermittelhandlungen sorgen schon in eigenem Interesse dafür, daß das Stroh einwandfrei gelagert wird. Altes Stroh enthält Fäulnisbakterien und verschiedene Arten von Fremdpilzen, durch die das Myzelwachstum empfindlich gestört oder sogar verhindert wird.

Pilze im Garten

Das Wässern der Strohballen
Damit sich in den Strohballen das Myzel entwickeln kann, muß im Inneren die notwendige Feuchtigkeit vorhanden sein. Das ist durch einfaches Begießen der Ballen nicht zu erreichen. Die Strohhalme sind an ihrer Außenseite mit einer natürlichen, dünnen Wachsschicht als Schutz versehen. Diese Schicht verhindert, daß sich bei Regen die Halme vollsaugen, weich werden und umknicken, solange das Getreide auf dem Halm steht. Allerdings verhindert dieser natürliche Schutz auch unsere Bemühungen, das Stroh durch einfaches Begießen zu durchfeuchten. Das Wasser würde an der Außenseite der Halme entlanglaufen, heruntertropfen und im Boden versickern. In unserem Fall kann das Stroh nur dadurch gut durchgefeuchtet werden, wenn das Wasser an den Schnittstellen der Halme in das Innere eindringen kann. Diesen Effekt erreicht man am besten durch eine sogenannte Tauchwässerung, wobei der Strohballen so weit wie möglich in ein genügend großes Gefäß mit Wasser eingetaucht wird. Dabei saugt sich das Innere der Halme ziemlich schnell voll Wasser. Mir stand bei meiner Arbeit eine alte, ausgediente Badewanne zur Verfügung, wie sie auch in einigen Haus- und Kleingärten zum Sammeln von Regenwasser benutzt wird. Man kann das Stroh aber auch in einer genügend großen Tonne wässern, in die ein Strohballen aufrechtstehend hineinpaßt. Zur Not tut es auch ein großer Mörtelkübel aus Plastik, den man preiswert im Baumarkt kaufen kann. Die Strohballen müssen auf diese Art 48 Stunden gewässert werden.

Selbst in einer alten Badewanne bekommt man die Ballen nicht komplett untergetaucht, sie müssen auf der Schmalseite stehend untergebracht werden. Dann aber passen zwei Ballen hintereinander hinein. Meist sind auch die Tonnen nicht hoch genug, damit der Ballen komplett eintaucht. Das gleiche gilt für Mörtelkübel. Drehen Sie also die Ballen alle 12 Stunden einmal um, also 3mal in 48 Stunden, damit das Stroh von allen Seiten feucht wird.

Wo es Ihnen möglich ist, wechseln Sie nach 24 Stunden das Wasser. Sie werden feststellen, daß es nach dieser Zeit hell- bis dunkelbraun geworden ist. Das kommt zum Teil von anhaftendem Staub, aber auch von im Stroh enthaltenen Gerb- und Farbstoffen und der teilweise abgelösten Wachs-Schutzschicht. Beim ersten Mal können Sie auch heißes Wasser verwenden, da sich die Wachsschicht dann leichter löst, und das Durchfeuchten schneller vor sich geht.

Länger als 48 Stunden sollten Ballen bei der Standwässerung nicht im Wasser stehen. Vor allem bei wärmerer Witterung können sie leicht anfangen zu faulen. Dann kann sich, gestört durch Fäulnisbakterien und Fremdpilze im Stroh, das Myzel der zu kultivierenden Pilze nur schwer oder im Extremfall gar nicht ausbreiten.

Pilze im Garten

In einer alten Badewanne lassen sich die Strohballen am besten wässern.

Auch ein Mörtelkübel ist dafür geeignet.

Sehr mühsam ist das Wässern mit der Kanne.

Pilze im Garten

Eine so große passende Tonne ist allerdings wohl selten vorhanden.

Eine etwas langwierige Notlösung: Wässern mit der Schlauchbrause.

Pilze im Garten

Eine weitere Möglichkeit ist das Wässern mit einer Gießkanne oder mit einer Schlauchbrause. Es ist allerdings umständlicher und langwieriger als die Tauchwässerung. Bedenken Sie, daß das Wasser aus Kanne oder Schlauchbrause zuerst an der Wachsschicht der Halme abperlt, durch den Ballen hindurchsickert und im Boden verschwindet. Es braucht also mehr Zeit, bis sich der Strohballen mit der nötigen Feuchtigkeit vollgesaugt hat. Eine — wenn auch kleine — Hilfe dabei ist, wenn Sie den Ballen aufrecht auf seine Schmalseite stellen. Die Schnittflächen der Halme zeigen dann nach oben, nehmen also auf dieser Art das Wasser besser auf. Sie müssen aber bei dieser Art der Wässerung damit rechnen, daß Sie 5 bis 7 Tage lang ungefähr 10mal täglich (!) den Strohballen mit der Kanne oder der Schlauchbrause so lange langsam begießen, bis das Wasser unten aus dem Ballen wieder herausläuft. Aus Erfahrung kann ich Ihnen sagen, daß das eine wirklich mühsame Methode ist.

Die angegebene Zeit von 5—7 Tagen bei 10maligem täglichen Gießen kann auch nur mehr oder weniger als Richtwert dienen. Sie sollten danach auf alle Fälle eine Probe machen, ob im Ballen auch genügend Wasser gespeichert ist. Ziehen Sie dazu einen Strang Strohhalme aus dem Ballen und drehen ihn zwischen beiden Händen in entgegengesetzter Richtung wie bei einem Wäschestück beim Auswringen. Treten dabei aus den Halmen ein paar Wassertröpfchen aus, haben sie genügend Feuchtigkeit gespeichert. Wenn nicht, muß noch weiter gewässert werden. Überlegen Sie, ob sich bei einer so mühsamen Arbeit die Anschaffung eines Mörtelkübels zum Wässern nicht doch lohnt. Das Wässern erfolgt auch am besten an dem Platz, an dem die Kultur später bleiben soll. Ein vollgesaugter Strohballen hat immerhin ein Gewicht von etwa 30—40 kg und ist daher sehr schwer zu transportieren. Das ausreichende Wässern des Strohballens ist die erste und gleichzeitig wichtigste Voraussetzung für das Gelingen der Pilzkultur. In einem zu trockenen Ballen wächst das Myzel nur unvollkommen oder gar nicht.

Das Impfen der Strohballen
Können Sie die Strohballen durch Tauchwässerung anfeuchten, sollten Sie damit an dem Tag anfangen, an dem die bestellte Brut bei Ihnen eintrifft, oder Sie sie im Geschäft erhalten haben. Wenn Sie aber den mühsameren Weg mit Kanne oder Schlauchbrause gehen müssen und für die Arbeit ungefähr eine Woche brauchen, müssen Sie die Brut solange kühl lagern. Entweder bewahren Sie sie im Gemüsefach des Kühlschranks oder in einem kühlen Kellerraum auf. Generell läßt sich sagen, daß die Brut vom Versender so frisch wie möglich verschickt wird. Gekühlt hält sie sich zwei bis drei Monate. Das ist nach Aussage der Hersteller zumindest bei Braunkappen der Fall,

Pilze im Garten

was ich auch aus eigener, bester Erfahrung bestätigen kann. Bei Austernpilzen kann ich so lange Lagerzeiten nicht empfehlen. Auch bei Lagerung im Kühlschrank (bei etwa 4 °C) wächst das Myzel — wenn auch sehr langsam — weiter, und es kann Ihnen passieren, daß aus der Körnerbrut heraus durch den Deckel der Verpackung bereits die ersten Pilze erscheinen. Das ist zwar nicht schlimm, da die Pilze einfach mit einem scharfen Messer abgeschnitten werden und die Brut dann zerbröckelt und in Stücken zum Impfen benutzt wird. Es ist aber dann auch höchste Zeit, die Brut zu verwerten. Müssen Sie aber in Ermangelung eines passenden Behälters mit der Gießkanne oder Schlauchbrause über die Dauer von etwa 7 Tagen wässern, so empfehle ich Ihnen, die Brut dann zu bestellen, wenn Sie mit dem Wässern des Ballens beginnen. Bis das Stroh richtig durchgefeuchtet ist, ist die Brut auch per Post bei Ihnen eingetroffen, und Sie können sie so frisch wie möglich verwenden.

Zum Impfen soll der Ballen an der endgültigen Stelle, wo sich die Pilzkultur entwickeln soll, flach auf dem Boden liegen. Die erforderlichen Impflöcher sticht man am besten mit einem Pflanzholz in die Strohballen. Im Kleingarten ist ein solches Gerät meist vorhanden. Den gleichen Zweck erfüllt aber auch ein dickeres angespitztes Rundholz oder eine Dachlatte, die mit einer Spitze versehen ist.

In die Oberfläche des Strohballens sollten Sie fünfzehn Löcher bohren. Das geht am einfachsten, wenn Sie 5 Reihen zu je 3 Löchern über die Fläche verteilen. Die Impflöcher sollten ungefähr 15 cm tief sein, damit die Brut bis fast in die Mitte des Strohballens gesteckt wird. Bei der Zahl der Löcher und ihrer Tiefe kann das Myzel den Ballen nach allen Seiten gleichmäßig durchwachsen.

Braunkappen-Brut ist meist auf Stroh geimpft, sie wird von Gartenversendern in Portionen verschickt, die jeweils für zwei Strohballen bestimmt sind. Die gleiche Brutmenge ist auch in den Packungen enthalten, die es in Samenfachgeschäften gibt. Sollten Sie nur einen Strohballen beimpfen wollen, können Sie natürlich dafür auch die gesamte Brutmenge benutzen. Das Myzel durchwächst dann den Strohballen in kürzerer Zeit. Sie brauchen sich aber nun nicht etwa pro Ballen eine Packung zu bestellen, nach der Devise »doppelt genäht hält besser«. Sie können sich wirklich darauf verlassen, daß die in einer Portion enthaltene Brut auch für zwei Strohballen ausreicht. Eine andere Möglichkeit haben Sie, wenn Sie sich zwei Strohballen besorgt haben. Impfen Sie einen mit Braunkappenbrut, den zweiten mit Austernpilz. So haben Sie zwei Pilzsorten im Garten. Natürlich müßten Sie dann für jeden Ballen eine ganze Packung Brut verwenden, aber damit ist ja dann auch der Vorteil des schnelleren, intensiveren Durchwachsens gegeben.

Pilze im Garten

Braunkappenbrut ist auf Stroh geimpft.

Mit einem Pflanzenloch-Stecher bohrt man die Löcher im Strohballen vor. Ein angespitztes Holz leistet die gleichen Dienste.

Pilze im Garten

Walnußgroß sollen die Brutstücke zum Impfen sein.

Nach dem Impfen werden die Löcher gut und fest zugetreten, damit die Brut vor Fliegen geschützt wird.

Pilze im Garten

Die Strohbrut ist meist in Rollenform abgepackt, in der Größe etwa wie eine Toilettenpapierrolle. Zum Beimpfen von zwei Strohballen teilen Sie die Brut in zwei Hälften. Das erleichtert Ihnen das Verteilen. Brechen Sie nun ungefähr walnußgroße Stücke von den Hälften ab, und stecken Sie diese Brutstückchen möglichst tief in die vorgebohrten Impflöcher. Nachdem Sie den Ballen mit Brut gespickt haben, treten Sie mit dem Schuhabsatz das Stroh über den Löchern wieder fest zusammen. Damit ist der Impfvorgang abgeschlossen.

Das Präparieren der Ballen mit Austernpilz-Brut wird genauso durchgeführt. Austernpilze sind auf Getreidekörner geimpft. Wenn Sie ganz frische Brut erhalten, sind diese Körner noch streufähig und können mit Hilfe eines alten, sauberen Löffels in die vorgebohrten Impflöcher eingefüllt werden. Bei Brutmaterial aus dem Gartenversand oder dem Samenfachgeschäft liegt meist etwas Zeit zwischen der Herstellung, dem Versand und dem Eintreffen der Brut beim Kunden. Währenddessen hat sich das Myzel in den Körnern ausgedehnt, sie mit hauchfeinen weißen Fäden umsponnen und hält sie als Block in der Verpackung zusammen. An der Außenseite, wo am meisten Sauerstoff heran kann, bildet sich ein weißer Belag, so daß das Ganze ähnlich wie ein großer Camembert-Käse aussieht. Die Brut ist aber deswegen nicht etwa verdorben oder weniger geeignet – im Gegenteil. Der weiße Belag zeigt an, daß die Brut lebensfähig ist und das Myzel sich bereits zu entwickeln beginnt. Ein solcher Block läßt sich für die Impfung auf Strohballen bequem in walnußgroße Stücke brechen und in die Löcher einbringen. Nach dem Füllen der Löcher das Stroh mit dem Absatz festtreten.

Sollten sich an der Oberfläche des Blockes ein paar einzelne kleine Pilze zeigen, so ist das für die Brut ohne Einfluß. Sie werden mit einem scharfen Messer abgeschnitten, und das Brutmaterial kann dann wie beschrieben verwendet werden. Ist der ursprüngliche weiße Belag aber dunkelgelb oder gar braun oder zeigen sich sogar grünliche Schimmelpilzflecken, muß die Brut als verdorben gelten. Geben Sie sie dann zurück, und verlangen Sie einwandfreien Ersatz. Ein solcher Fall ist aber außerordentlich selten und bei Versendern wohl kaum zu erwarten, sondern kann höchstens einmal eintreten, wenn ein Händler sich einen Vorrat beschafft und ihn falsch gelagert hat.

Standort für die Kulturen

Wild wachsende Pilze fühlen sich im Schatten des Waldes am wohlsten, sie lieben Wärme und Feuchtigkeit. Einen ähnlichen Standort sollten wir unseren Strohballen-Kulturen auch im Garten geben: im Halbschatten oder Schatten und vor Zugluft geschützt. Dafür bieten sich zum Beispiel Plätze unter Bäumen und Büschen an, neben oder unter Hek-

Pilze im Garten

ken. Die Strohballen müssen auf der Erde und nicht auf Steinplatten, Betonflächen oder auf Kunststoffolien liegen. Wo sich ein halbschattiger Platz im Gras findet, ist es besonders günstig. Bei zwei oder mehreren Ballen soll aber zwischen den Ballen jeweils ein Abstand von ungefähr 0,5 m eingehalten werden. Das hat seinen Grund: Sowohl Braunkappen als auch Austernpilze erscheinen nicht nur an der Ballenoberfläche, sondern auch an den Seiten. Sie sollten dort ausreichenden Platz zur Entwicklung, genügend Luft und vor allem auch Licht für ihr Wachstum finden. Darüber hinaus sollte man bei der Ernte genug Platz haben, um an die seitlich wachsenden Pilze zu gelangen.

Von einem sonnigen Platz möchte ich abraten. Es ist zwar richtig, daß Pilze für ihre Entwicklung Wärme brauchen, aber bei Temperaturen über 30 °C beginnt das Myzel abzusterben, die Kultur ist dann entweder

Die geimpften Ballen sollen schattig unter Bäumen oder Hecken gelagert werden.

Pilze im Garten

schwer geschädigt oder sogar unbrauchbar geworden. In warmen Jahren ist im Sommer eine solche Temperatur schnell erreicht. Denken Sie daran, daß bei direkter Sonneneinstrahlung die Temperaturen schnell sehr hochklettern können. Ein Beispiel: Wenn Ihr Auto im Sommer in der prallen Sonne steht, können Sie das Karosserieblech nicht anfassen, so heiß ist es geworden. Mal abgesehen davon, daß solche Wärme bei direkter Einstrahlung das Myzel absterben läßt, verdunstet die im Ballen enthaltene Feuchtigkeit so schnell, daß die Kultur auch durch Trockenheit ihre Lebensfähigkeit verliert.

Die Strohballenkultur darf nicht austrocknen.

Zugluft entzieht den Strohballen ebenfalls viel Feuchtigkeit. Deshalb sollen unsere Strohballen einen zwar luftigen, aber windgeschützten Platz finden.

Die Pflege der Strohballen-Kultur
Während der Durchwachsphase benötigt die Pilzkultur eigentlich keine Pflege. Wenn Sie eine sogenannte Sommerkultur anlegen, indem Sie im Frühjahr das Stroh beimpfen, wird mit steigenden Außentemperaturen Feuchtigkeit aus dem Strohballen verdunsten. Dabei handelt es sich nicht um große Mengen, denn genauso langsam wie sich das Innere der Ballen mit Wasser vollsaugt, genauso langsam verdunstet es auch nur. Wenn die Ballenoberfläche trocken erscheint, ist das noch lange kein Zeichen dafür, daß Sie nachgießen müssen. Es läßt sich aber auch keine feste Regel aufstellen, wann die Kultur Wassernachschub braucht, weil sich ja die Witterung in jedem Jahr anders entwickelt. Ist das Frühjahr, in das ja die Durchwachsphase fällt, besonders warm und trocken, müssen Sie eher etwas Wasser nachgießen, als wenn es kühl und regnerisch ist. Vielleicht hilft Ihnen folgender Tip: Schieben Sie das Stroh des Ballens an der Oberfläche vorsichtig etwas auseinander. Ist das Stroh ungefähr 2–3 cm unter der Oberfläche noch gut feucht, ist alles in Ordnung. Erscheint es Ihnen aber trocken, so sollten Sie pro Ballen 2–3 Liter Wasser nachgeben – das ist ungefähr eine halbe Gieß-

Während der Durchwachsphase schützt eine Folienabdeckung nicht nur gegen starken Regen oder Austrocknen, sondern schafft ein günstiges, feuchtwarmes Kleinklima.

kanne voll. Sogenannte Winterkulturen, die im Herbst vorbereitet werden, profitieren von den niedriger werdenden Außentemperaturen. Der einmal gespeicherte Wasservorrat nimmt nur ganz geringfügig ab, es braucht nichts ergänzt zu werden.

Ebenso aber, wie zuwenig Feuchtigkeit das Wachstum hemmen kann, tritt eine Beeinträchtigung auch bei zuviel auf. So etwas geschieht dann, wenn das Frühjahr besonders regenreich ist. Im Jahre 1984, das uns — nicht allein im Frühling — außerordentlich häufige und starke Regenfälle beschert hat, habe ich bei meinen Austernpilz- und Braunkappen-Kulturen ganz deutlich gemerkt, wie stark sich — neben den niedrigen Temperaturen — die Nässe nachteilig ausgewirkt hat. Die Strohballen waren übermäßig naß, das Myzel konnte sich nicht ungehindert entwickeln und die Ernteerträge gingen gegenüber dem guten Vorjahr auf ungefähr ein Viertel zurück. Sicher spielte auch der kalte, nasse Sommer bei der geringen Fruchtbildung eine Rolle, aber für die Gesamtentwicklung der Kultur spielt eine gut verlaufene Durchwachsphase eine große Rolle.

Am günstigsten ist es, wenn Sie Ihrer Pilzkultur nach dem Impfen einen Folienmantel überstülpen. Solche Tunnel gibt es preiswert im Gartenfachhandel, in Gartencentern oder im Gartenversandhandel. So ein Schutz hält nicht nur unerwünschte Regenfälle ab, sondern unter seinem Dach hält sich — einem Gewächshaus ähnlich — ein feuchtwarmes Kleinklima, das dem Myzel zum Durchwachsen die besten Bedingungen bietet. Sie müssen aber darauf achten, die Enden des Folientunnels immer etwas geöffnet zu lassen, damit ein Luftaustausch stattfinden kann. Während des Wachstums entwickelt das Pilzmyzel nämlich Kohlendioxyd, es verbraucht aber Sauerstoff. Kann das Kohlendioxyd aber nicht ab- und frischer Sauerstoff nicht zugeführt wer-

Pilze im Garten

Deutlich ist das Myzel im Stroh zu erkennen.

den, wird das Myzelwachstum entweder gehemmt oder sogar vollständig eingestellt.
Mit der Wahl des richtigen Standortes, der Erhaltung der notwendigen Feuchtigkeit und dem Schutz durch einen Folientunnel sind alle notwendigen Pflegemaßnahmen getroffen.
Sie können sich aber statt mit einem Folientunnel auch mit einer locker aufgelegten Plastikfolie oder -plane behelfen.

Ernte vom Strohballen
Das Myzel von Braunkappen und Austernpilzen wächst bereits — wenn auch noch recht langsam — ab 5 °C. Die Bildung von Fruchtkörpern, also den Pilzen, beginnt allerdings bei den Braunkappen erst ab ungefähr 12 °C, bei Austernpilzen je nach Rasse und Herstellung ab + 3 °C. Das gilt für beide Sorten bei Sommerkultur, wenn man also das Myzel im Frühjahr auf die Strohballen impft und die Ernte dann in die warmen Sommer- und Frühherbstmonate fällt.

Sie können damit rechnen, daß — immer abhängig von der Witterung im Frühjahr — die Durchwachsphase ungefähr 6 Wochen dauert. Am Ende dieser Zeit ist im Normalfall ein Strohballen vom Myzel durchwachsen. Das ist daran zu erkennen, daß an den Seiten des Ballens zwischen den Halmen deutlich ein weißer Myzelrasen zu sehen ist. Bei Verwendung einer Plane wird diese jetzt entfernt. Es beginnt dann nach weiteren 2—3 Wochen das Wachstum der Fruchtkörper. Diese Entwicklung verläuft bei den beiden Arten etwas unterschiedlich.

Die Braunkappen bilden sich innerhalb des Ballens und schieben sich dann über Nacht aus dem Stroh heraus. Die Größe der Pilze ist dabei unterschiedlich, besonders große Exemplare können ein Gewicht von 1 kg erreichen. Die Fruchtkörper wachsen nicht nur auf der Oberfläche des Ballens, sondern auch an den Seiten. Bei meinen eigenen Kulturen habe ich sogar erlebt, daß einige Pilze im Balleninneren wuchsen, andere zeigten sich in der Erde unmittelbar neben dem Strohballen.
Sie können über die Erntezeit zwischen Juni bis September mit vier bis fünf Erntewellen rechnen. Zwischen den einzelnen Wachstumsschüben liegt jeweils eine Pause von 3—4 Wo-

Die Braunkappen schieben sich als fertig ausgebildete Pilze an die Oberfläche.

Manchmal können Braunkappen auch in der Erde außerhalb der Strohballen erscheinen.

chen, ehe wieder neue Pilze nachwachsen. Ich selbst habe pro Ballen Erträge von 4–5 kg bekommen. Allerdings sollte man dabei berücksichtigen, daß es sich um ein Jahr mit »normaler« Witterung handelte, also einen warmen und freundlichen Sommer. Im sehr kühlen und regnerischen Sommer sind dagegen die Erntemengen weitaus geringer.

Geerntet werden die Braunkappen am besten, solange der Hut geschlossen ist, also die Ränder noch nach unten gebogen sind. In einem späteren Reifezustand, wenn die Hutränder waagerecht stehen, sind die Pilze aber auch noch gut zu verwerten. Braunkappen werden grundsätzlich durch Herausdrehen aus dem Ballen geerntet. Fassen Sie den Stiel möglichst tief unten an und drehen Sie den Pilz vorsichtig aus dem Stroh. Dadurch wird das Myzel im Ballen nicht beschädigt oder gar zerstört, und kleinere Pilze, die neben den reifen nachwachsen, werden in ihrem Weiterwachsen nicht gestört. Sollten allerdings zwei Fruchtkörper an derselben Stelle aus dem Stroh wachsen, sollte man sie, auch wenn einer von den beiden kleiner ist, zusammen ernten.

Braunkappen wachsen normalerweise auf Strohballen einwandfrei. Ich selbst habe allerdings die Erfahrung gemacht, daß sie manchmal eher seitlich am Ballen erscheinen als oben drauf. Sie können das

Pilze im Garten

Wachstum auf der Oberseite dadurch fördern, daß Sie nach dem Durchwachsen des Myzels den Ballen oben mit einer ungefähr 4 cm hohen Erdschicht bedecken. Denken Sie bitte auch hier wieder daran, nur Gartenerde und keine aufgedüngte Blumenerde zu verwenden. Sehr gut und mit überraschendem Erfolg eignet sich zur Abdeckung das schon beschriebene Fertigsubstrat, wie es bei der Heimkultur von Champignons verwendet wird.

Austernpilze entwickeln sich anders als Braunkappen. Sie erscheinen auf der Oberfläche und an den Seiten des Ballens als kleine weiße Knötchen. Je nach Witterung wachsen sie innerhalb von 1–2 Wochen zu stattlichen, großen Fruchtkörpern heran. Zuerst sehen sie aus wie große Fischschuppen, daraus werden dann aber recht schnell große Hüte. Die Austernpilze können an der Ballenoberfläche einzeln wachsen, seitlich stehen sie oft zu mehreren wie Dachziegel über- und nebeneinander.

Wie bei den Braunkappen verläuft die Ernte auch bei **Austernpilzen** über den Sommer verteilt in mehreren Wellen, zwischen denen Pausen von 3–4 Wochen liegen. Insgesamt ist mit drei bis vier Ernten zu rechnen. Das Gewicht der zu erntenden Pilze ist mit 3–4 kg pro Ballen ähnlich wie bei den Braunkappen. Eine Erdabdeckung wird bei Austernpilzen nicht aufgebracht. Beim Ernten werden sie

Aus anfänglich kleinen Knötchen entwickeln sich Austernpilze in einigen Tagen.

Pilze im Garten

mit einem scharfen Messer so tief wie möglich über dem Stroh abgeschnitten oder besser noch abgedreht. Auch während der Erntephase und zwischen den einzelnen Ernteperioden sollte der Strohballen immer wieder leicht feucht gehalten werden.

Das Ende der Ertragszeit erkennen Sie daran, daß der Strohballen ungefähr auf die Hälfte seiner früheren Höhe eingefallen ist. Er ist dann aber noch im Garten gut zur Abdeckung von Beeten oder zur Beimischung zum Kompost zu verwenden.

Außer auf Strohballen lassen sich Austernpilze auch im Sack anbauen.

Pilze im Garten

Sicherer Schutz der Brut gegen Fliegen ist das sorgfältige Zutreten der Impflöcher.

Schädlinge und ihre Abwehr

Das Myzel kann unter Umständen während der Durchwachsphase von **Maden** befallen und geschädigt werden. Dies kann dann eintreten, wenn die Impflöcher im Strohballen nicht wieder richtig festgetreten werden. Fliegen und andere Insekten legen dann ihre Eier in den Löchern auf dem eingebrachten Impfgut ab. Entsprechende Bekämpfungsmittel – also Insektizide – sind für den Pilzanbau in der Bundesrepublik nicht zugelassen. Sicherer Schutz wird im allgemeinen durch das Zutreten der Impflöcher und durch die Wahl des Zeitpunktes erreicht, zu dem die Ballen beimpft werden. Das Myzelwachstum beginnt ja bereits bei Temperaturen knapp über 5 °C. Legt man eine Braunkappen- oder Austernpilz-Kultur nach dem Ende der Frostperiode im zeitigen Frühjahr oder auch im späten Herbst an, so legen zu diesen Zeiten Insekten keine Eier ab. Sind die Impflöcher zudem gut verschlossen worden, ist mit Madenbefall auch später nicht mehr zu rechnen. Das kann bei Braunkappen höchstens noch während der Erntephase geschehen, wenn sie – entgegen der ja nun schon mehrfach gegebenen Anleitung – nicht herausgedreht, sondern abgeschnitten werden. Die weichen, im Stroh zurückbleibenden Stielreste locken Fliegen zur Eiablage an.

Bei einer solchen unsachgemäßen Ernteweise besteht auch die Gefahr, daß die Stielreste zu faulen beginnen und sich **Fäulnisbakterien** über die Wurzelfäden von Schnittstellen bis

Pilze im Garten

weit ins Myzel hinein ausbreiten und das ganze Balleninnere infizieren. Austernpilzen schadet das Abschneiden nicht. Die Stiele sind ohnehin ziemlich fest, ihr unteres Ende ist besonders zäh. Es bietet also keinen geeigneten Platz für Insekteneier. Nach dem Abschneiden trocknen die im Stroh verbliebenen Stielenden zudem noch ziemlich schnell aus, so daß auch Fäulnisbakterien keinen geeigneten Nährboden finden. Besser jedoch ist es, wenn Sie die Fruchtkörper abdrehen und nicht abschneiden.

Es kann Ihnen passieren, daß nach dem Dreschen im Ballen verbliebene einzelne **Getreidekörner** zu keimen beginnen und nach einiger Zeit auf der Oberfläche des Strohballens kleine grüne Getreidepflänzchen erscheinen. Sie richten an sich keinen Schaden an, aber natürlich benutzen sie – ebenso wie die Pilze – das Stroh als Wachstumsgrundlage und entziehen ihm Nährstoffe. Damit diese den Pilzen nicht verlorengehen, empfehle ich Ihnen, die kleinen Pflänzchen herauszuziehen.

Ebenso können zwischenzeitlich als ungebetene Gäste ein paar Fremdpilze auf dem Ballen erscheinen – zum Beispiel Tintlinge oder Becherlinge. Sie schaden aber nicht, sie sterben bald ab, da sie vom geimpften Myzel bald verdrängt werden.

Die lästigsten Schädlinge sind ohne Frage aber **Schnecken.** Sie schaden

Aus restlichen Getreidekörnern gewachsene Pflänzchen sollte man auszupfen.

Schnecken lieben erstaunlicherweise junge Pilze. Hier kann eine Bierfalle helfen.

weniger der Braunkappen-Kultur, weil — wie ja beschrieben — sich die Pilze im Inneren des Strohballens bilden und als relativ große, erntereife Pilze gewissermaßen über Nacht aus dem Ballen hervorkommen. Sie sind dann für die Schnecken schon »eine Nummer zu groß«.

Stärker gefährdet durch Schnecken sind aber Austernpilz-Kulturen. Da diese Pilze zuerst als kleine Knötchen an den Ballenaußenseiten erscheinen und dann langsam in 7—14 Tagen heranwachsen, bieten sie im jungen Stadium den gefräßigen Schnecken eine willkommene Beute. Bei meinen Kulturen habe ich auch schon mal eine durch Schnecken verursachte böse Überraschung erlebt und, wie man so sagt, Lehrgeld zahlen müssen. Auf dem Strohballen zeigten sich in großer Zahl die ersten Austernpilze, noch ungefähr daumennagelgroß, und ich freute mich schon auf eine reiche Ernte. Am nächsten Tag, als ich mir den Fortschritt im Wachstum ansehen wollte, waren alle Pilze restlos verschwunden. Nur noch die unmittelbar über dem Stroh abgefressenen Stielenden waren übriggeblieben.

Streuen Sie aber gegen Schnecken auf keinen Fall Schneckenkorn. Auch wenn man das Schneckenkorn nur in einiger Entfernung um die Ballen herum streut, können die Giftstoffe direkt mit dem Myzel in Berührung kommen. Sie werden zum Beispiel

Pilze im Garten

durch den Regen ausgewaschen und gelangen in den Boden. Braunkappen breiten aber aus dem Strohballen heraus ihr Wurzelgeflecht auch in das umgebende Erdreich aus. Warum soll man sich der Gefahr aussetzen, bei der Pilzmahlzeit auch Giftstoffe mit zu essen, die über das Myzel bis in den Fruchtkörper gelangt sind, wo es doch eine wirkungsvolle und billige Alternative gibt?

Das wirkungsvollste Mittel gegen Schnecken ist nach wie vor die gute alte Bierfalle. Das sind Plastikgefäße mit einem kleinen Regendach darüber, damit das eingefüllte Bier nicht verwässert. Solche Fallen gibt es im Gartenfachhandel. Als Füllung erfüllt selbst das billigste Bier aus dem Discount-Laden seinen Zweck. Noch preiswerter — nämlich zum Nulltarif — kann man geeignetes Bier auch in seinem Stammlokal bekommen, wie ich es ausprobiert habe. Jeder Gastwirt zapft nämlich, bevor er das erste Bier des Tages verkauft, vier bis fünf Gläser voll aus der Leitung und schüttet es fort. Dieses Bier stand über Nacht in der Zapfleitung und hat den Metallgeschmack angenommen. Es ist ungenießbar für den Menschen, nicht aber für Schnecken. Lassen Sie sich dieses Bier von Ihrem Wirt in eine bei ihm deponierte Flasche oder Kanne schütten. Wenn Sie die Fallen mit Bier gefüllt haben, kriechen die Schnecken — vom Biergeruch angezogen — in die Falle und ertrinken darin. Ihre Pilze aber lassen sie in Ruhe.

Sie können sich eine solche Falle auch kostenlos selbst herstellen. Gra-

Die Kunststoffbürsten dieses Schneckenzaunes sind ein wirkungsvolles Hindernis.

Pilze im Garten

Das doppelt geknickte Profil des Metall-Schneckenzauns wirkt sicher.

ben Sie einen leeren Sahne- oder Joghurtbecher bis zu seinem Rand in die Erde ein und füllen Sie ihn mit Bier. Um den Regen abzuhalten, nehmen Sie einen etwas größeren Becher, wie er zum Beispiel zum Verkauf von Hüttenkäse benutzt wird, und schneiden Sie in die Wandung dieses Bechers 3–4 Öffnungen, die wie kleine Tore aussehen. Diesen so präparierten Becher stülpen Sie nun über den Joghurtbecher und haben eine Bierfalle Marke »Eigenbau«. Damit nicht ein plötzlicher Wind Ihr Bierfallendach fortweht, biegen Sie sich aus Draht einen kleinen Bügel und stecken das Dach damit fest.

Teurer ist dagegen ein sogenannter Schneckenzaun. Das sind zusammensteckbare Kunststoff- oder Metallstreifen, die in den Boden eingelassen werden und an ihrer Oberkante ein nach außen abgewinkeltes Profil haben, das Schnecken nicht überkriechen können. Sie bleiben also draußen. Folgen Sie aber meinem Rat, und stellen Sie trotzdem innerhalb des Schneckenzaunes eine oder zwei Bierfallen auf. Schnecken legen nämlich ihre Eier im Boden ab, und die jungen Exemplare können dadurch auch plötzlich innerhalb der Umzäunung erscheinen. So bieten die Fallen noch einen zusätzlichen Schutz.

Als Schneckenzaun gibt es neuerdings auch Kunststoffumrandungen, die an ihrem oberen Teil mit einem Streifen kleiner Kunststoffbürsten versehen sind. Dieser borstige Teil des Schneckenzaunes soll die Schädlinge am Überklettern des Zaunes hindern. Vom gleichen Versender (Dehner in München), dessen Adresse Sie im Bezugsquellenverzeichnis finden, werden einen Meter

Pilze im Garten

lange, verzinkte und zusätzlich beschichtete Blechelemente als Schneckenzaun angeboten. Die oben umgebogene Kante soll den Schnecken ebenfalls das Überkriechen unmöglich machen. Ich weiß von befreundeten Gärtnern, daß dieses System gut funktioniert.

Die borstige Schnecken-Abwehrkante aus Kunststoff wird als 5-Meter-Länge geliefert und läßt sich beliebig biegen und auf Längen schneiden. So läßt sich daraus einfach ein Schutzzaun selbst herstellen, weil sich die benötigten Maße, in die ein Folientunnel hineinpaßt, bequem zuschneiden lassen.

Die Metallelemente gibt es leider nur in 1-Meter-Längen. Das ist an sich kein Problem, nur – es soll ja auch möglichst passend ein Folientunnel in die Umrandung gesetzt werden können. Die meisten angebotenen Frühbeet-Tunnel haben aber etwas komplizierte Maße. Eines der gängigen angebotenen Modelle ist 130 cm breit und 250 cm lang, das andere 80 cm breit und 240 cm lang (allerdings in drei Elemente teilbar). Ein Zurechtschneiden der Metallelemente würde ich nicht empfehlen, dabei würden an den Schnittstellen Verzinkung und Schutzschicht beschädigt und die Schnittkanten würden rosten.

Hier mein Vorschlag: Besorgen Sie sich den dreiteiligen Frühbeet-Tunnel aus Doppelfolie und benutzen Sie davon die beiden Endstücke, die durch Folienteile zu öffnen und zu schließen sind. Bauen Sie sich entweder aus der Kunststoffumrandung mit Schneckenabwehr einen passenden Rahmen für den Tunnel von ca. 80 cm × ca. 160 cm, oder aus 6 Meterstücken der Metallumrandung (je zwei für die Längsseiten, je eins für die Stirnseiten) eine 100 × 200 cm große Um-

Pilzbeet aus Metallprofilen und einem Folientunnel als »Eigenbau«.

Pilze im Garten

randung und setzen Sie den Folientunnel dort hinein. Es gibt – zusätzlich zu den Blechen – auch Eckverbinder, Sie können aber die Bleche auch dicht aneinanderstoßen, das geht auch.

Am besten ist ein sogenanntes Pilzbeet – allerdings auch am teuersten. Dafür bietet es aber auch neben dem Bodenelement mit Schneckenkanten zusätzlich einen passenden, aufsetzbaren Folientunnel. Dieser Tunnel gibt neben dem Schutz vor starkem Regen den Pilzen auch gute Wachstumsbedingungen. Zusätzlich hält er Vögel ab. Bei meiner Austernpilz-Kultur habe ich beobachtet, daß sich vor allem im Spätsommer Amseln und Stare in ganz verdächtiger Nähe des Strohballens eingefunden hatten.

Ich möchte Ihnen noch eine preiswerte Alternative vorschlagen: Umzäunen Sie ihre Pilzkultur mit sogenannten Rasenkanten, die es aus grünem Wellplastik in Gartencentern, Fachgeschäften und bei Versendern als Rollenware gibt. Machen Sie die Umrandung so groß, daß gerade ein Folientunnel knapp hineinpaßt. Die Rasenkanten haben zwar kein abgewinkeltes Profil zur Schneckenabwehr, aber in Verbindung mit dem anschließenden Folientunnel machen Sie es den Schnecken schon etwas schwer, an die Kultur heranzukommen. Wo der Folientunnel an seinen Schmalseiten für den Luftaustausch etwas offenbleibt, plazieren Sie zusätzlich je eine Bierfalle.

Sommer- und Winterkulturen

Ich möchte Ihnen für die Strohballen-Kultur von Braunkappen und Austernpilzen noch kurz einen Zeitplan angeben, mit dessen Hilfe Sie praktisch das ganze Jahr hindurch frische Pilze ernten können. Allerdings gilt das nur bei normalem Witterungsverlauf. Zu kalte und nasse Jahre können natürlich alle Berechnungen über den Haufen werfen, aber glücklicherweise sind sie ja auch selten.

Die sogenannten Sommerkulturen werden im Frühjahr nach dem Ende der Frostperiode vorbereitet. Am günstigsten halte ich dafür die zweite April- und erste Maihälfte. Bei einer durchschnittlichen Zeit von 6 Wochen für die Durchwachsphase können im günstigsten Fall die ersten Pilze ungefähr Mitte bis Ende Juni erscheinen. Die Erntezeit endet dann meist im September.

Bei den Winterkulturen werden die Ballen zwischen September und November beimpft, auf jeden Fall aber so zeitig, daß ein Ein- oder Durchwachsen des Myzels noch vor Frostbeginn möglich ist. Die Ballen mit dem Pilzgeflecht überwintern dann, weil ja das Wachstum von Fruchtkörpern ohnehin unterhalb von 12 oder 14 °C und das Myzelwachstum unter 5 °C aufhört. Beide Pilzarten sind weitgehend winterfest. Wenn Sie aber in einer Gegend wohnen, wo mit lang anhaltendem Frost zu rechnen ist, sollte die Kultur doch einen Schutz bekommen. Decken Sie sie mit alten Säcken, Laub, Stroh oder

Pilze im Garten

Fichtenzweigen ab. Eine solche Abdeckung muß aber zum Ende der Frostperiode wieder entfernt werden. Mit den ersten Pilzen ist dann bei normalen Temperaturen ab Mai zu rechnen.

Bei Braunkappen kann die gleiche Brut für Sommer- und Winterkulturen benutzt werden. Für Austernpilze gibt es aber zwei verschiedene Sorten: für den **Sommer- und den Winteraustenpilz.** Diese verschiedenen Sorten unterscheiden sich auch in ihrer Farbe: Der Sommertyp ist von weißgelb bis braun gefärbt, der Wintertyp ist graublau bis stahlgrau und wächst im Freiland bei Temperaturen zwischen etwa 4 und 15 °C, also im Frühjahr und im Herbst.

Daraus kann man sich folgenden Fahrplan entwickeln: Ein im September beimpfter Ballen mit Braunkappen überwintert und trägt im folgenden Frühjahr ab Mai bis ungefähr August. Im Mai aber wird die Sommerkultur vorbereitet, die dann bis in den Spätherbst hinein hält. So erhalten Sie also vom Frühjahr bis Herbst durchgehend frische Braunkappen.

Bei Austernpilzen können Sie sogar noch geschickter vorgehen. Voraussetzung ist das richtige Brutmaterial. Oft wird bisher nur der Sommertyp angeboten! Diese Brut eignet sich nicht für die Winterkultur. Das dafür geeignete Brutmaterial bekommen Sie aber bei den im Bezugsquellenverzeichnis genannten Pilzfarmen. Bei Auswahl der richtigen Brutsorten können Sie Austernpilze mit einer nur relativ kurzen Pause fast das ganze Jahr über ziehen. Nehmen Sie einmal folgendes Beispiel: Ein Ballen wird im Spätherbst mit Winteraustenpilz beimpft, so daß das Ende der Durchwachsphase in die Zeit fällt, zu der die Temperaturen bereits unter 4 °C liegen. Das Myzelwachstum ist unterbrochen, eine Fruchtkörperbildung findet auch nicht statt, die Kultur überwintert. Im ganz zeitigen Frühjahr beginnen die Pilze ab 4 °C zu wachsen bis 15 °C. Wenn die Temperaturen über 5 °C liegen – also während die Winteraustenpilze noch munter wachsen – wird schon die Sommerkultur beimpft. Ihr Myzel wächst dann langsam an und beschleunigt das Wachstum mit steigenden Temperaturen.

Wenn der Wintertyp bei Temperaturen um 15 °C seine Erntephase beendet hat, beginnt sie beim Sommertyp. Während dessen Erntephase wird im Spätsommer ein Ballen wiederum mit Winterbrut beimpft und wächst durch. Während dann die Sommerkultur wiederum bei 15 °C aufhört Fruchtkörper zu bilden, beginnt beim Wintertyp diese Phase bis hinunter zu Temperaturen von 5 °C. Nur in den ausgesprochen kalten Winterzeiten, bei denen die Temperaturen unter 5 °C liegen tut sich nichts. Wenn Sie aber ein begeisterter Pilzliebhaber sind, können Sie auch diese Zeit noch überbrücken, indem Sie – wie bei den Heimkulturen beschrieben – Winterpilze ziehen, oder Sie legen eine Austernpilz-Heimkultur an.

Pilze im Garten

Das Pilzbeet

So, wie Sie die Schneckenkanten zum Schutz Ihrer Strohballenkultur benutzen, können Sie auch – in Verbindung mit dem Folientunnel – ein Pilzbeet bauen.

Das bietet sich zum Beispiel für den Anbau von Champignons, Egerlingen und Schopftintlingen auf Champignonsubstrat an, wie auch für Braunkappen und Austernpilzen auf Strohsubstrat.

Es würde dafür entweder die kleine, 100 × 100 cm messende Ausführung mit einem Folientunnelteil infrage kommen, aber auch die etwas größere, 100 × 200 cm Version mit zwei Tunnelteilen. Hierfür würden Sie aber eine größere Menge Substrat benötigen. Auch die Erntemenge erhöht sich natürlich bei dem größeren Pilzbeet, und es taucht dann die Frage wieder auf, wohin mit dem Erntesegen.

Natürlich gehört ein solches Pilzbeet an einen schattigen Platz. Das ist hierbei besonders wichtig, weil sich ja unter dem Folientunnel Wärme besonders staut und – Sie erinnern sich

Nicht nur als Schneckenschutz, sondern überhaupt für den Anbau ist ein Pilzbeet ideal.

Pilze im Garten

sicher, daß ich das ja schon erwähnt habe — bei Temperaturen über 30 °C das Myzel abstirbt.

Ansonsten ist die Kultur im Pilzbeet recht einfach. Es gilt das Gleiche, was ich Ihnen schon bei den Heimkulturen »Hausmacherart« beschrieben habe.

Für Champignons, Egerlinge und Schopftintlinge füllen Sie das Pilzbeet mit Champignonsubstrat und impfen es mit entsprechender Brut. Für Braunkappen und Austernpilze bereiten Sie das Strohsubstrat genauso in den Säcken auf, wie beschrieben und füllen es dann in das Beet ein. Austernpilze brauchen zwar keinen Erdkontakt zum Wachsen, aber es schadet andererseits auch nichts, daß das Substrat innerhalb des Beetes auf dem Boden aufgebracht wird. Mit Austernpilzbrut geimpfte Strohballen liegen ja auch direkt auf der Erde.

Braunkappen hingegen brauchen Bodenkontakt, also ist hier der Effekt sogar willkommen.

Sind die jeweiligen Substrate erschöpft, d. h. wachsen keine Pilze mehr nach, wird das Substrat bis auf den gewachsenen Boden mit einer Schaufel abgetragen. Es wird als wertvolle Bereicherung auf den Kompost gebracht.

Wenn Ihnen Ihr Hobby etwas mehr Geld wert ist, biete ich Ihnen zum Pilzbeet-Selbstbau noch zwei Alternativen an:

Die Firma Neudorff bietet zwei Ausführungen ihres sogenannten Intensiv-Kultur-Systems an. Einmal als Bodenelemente-Set, in dem Randelemente aus schlagfestem Kunststoff mit Schneckenkante und sämtlichen Montageteilen enthalten sind und als Komplett-Set dann mit passenden Bügeln und Folientunnel. Ein perfektes System, das aber auch seinen Preis hat. Die einfachere Ausführung kostet etwas über 100,— DM, mit Tunnel unter 150,— DM.

Für den gleichen Preis bekommen Sie — das ist der zweite Vorschlag — bei Blumen- und Gartenversendern kleine Frühbeetkästen. Auch sie lassen sich — natürlich für die Pilzkultur stets im Schatten — als Pilzbeet verwenden.

Diese Frühbeetkästen haben einen weiteren Vorteil. Sie können sich doppelt bezahlt machen! Sie sind nämlich nicht im Boden befestigt, sondern lassen sich versetzen. So können Sie einen solchen Frühbeetkasten zur Anzucht von Jungpflanzen oder frühem Salat und Radieschen auf einem normalen Beet aufsetzen. Beginnt dann die normale Frühjahrs-Gartensaison auf den Beeten, setzen Sie den Frühbeetkasten einfach um, an einen schattigen Platz und benutzen ihn dort weiter als Pilzbeet.

Die selbstgebauten, ortsfesten Pilzbeete aus Schneckenkanten und Folientunnel verbleiben zwar an ihrem Platz, werden aber im folgenden Jahr wiederverwendet und sind eben preiswerter.

Stockschwämmchen wachsen nur auf Holz.

Pilze im Garten

Pilze auf Holz

Wenn bei einer Strohballen-Kultur nach vier bis fünf Erntewellen die Nährstoffe im Stroh erschöpft sind, fällt der Strohballen auf ungefähr die Hälfte seiner Höhe zusammen. Das ist ein sicheres Zeichen, daß von so einem Ballen keine weitere Ernte zu erwarten ist. Pilzkulturen auf Stroh sind typisch einjährige Anlagen. Längerfristig halten sich dagegen Pilzkulturen, die auf Holzstämmen angelegt sind. Hier sind zwar pro Jahr nicht so hohe und schnelle Ernten zu erwarten, wie sie auf Stroh oder Fertigsubstrat üblich sind, im festen Holz aber werden die Nährstoffe nicht so schnell verbraucht und erlauben Ernten über mehrere Jahre. Die Erntedauer richtet sich allerdings dabei nach der verwendeten Holzart. Auf Hartholz, wie zum Beispiel Eiche, können Erträge in 6–7 aufeinander folgenden Jahren erwartet werden, auf Weichholz, wie Birke, kann man 4, maximal 5 Jahre ernten. Wegen seiner festeren Struktur braucht Hartholz eine längere Durchwachszeit von etwa einem Jahr, während das Myzel in Weichholz in ungefähr 6 Monaten einwächst.

Geeignet sind nur Laubholzarten, einschließlich der Obstbäume. Auf Ausnahmen wird bei den entsprechenden Pilzarten hingewiesen.

Im weichen Birkenholz wächst das Myzel schneller durch als in Hartholz.

Pilze im Garten

Fertig beimpfte Stämme gibt es in speziellen Zuchtbetrieben zu kaufen.

Alle Pilzarten, die für die Kultivierung in Frage kommen, bewohnen abgestorbenes Holz, sie werden also auf Stammstücken oder dicken Ästen von gefällten Bäumen geimpft. Die meisten Pilzarten lassen sich auch auf den Stubben von abgeschnittenen Obstbäumen im Garten ansiedeln. Dabei ist nicht zu befürchten, daß die lebenden Bäume in der Umgebung der Stubben befallen werden, da es sich um solche Pilze handelt, die nur auf abgestorbenem Material leben können. Denn auch die Strohballen-Kulturen befinden sich ja im Schatten von Obstbäumen oder Büschen, ohne daß die Pilzkulturen auf die Bäume übergreifen.

Die Stammkultur für Eilige
Wer schon einmal Austernpilze oder Braunkappen auf Strohballen gezogen hat, ist natürlich verwöhnt – neben dem reichen Ertrag vor allen Dingen von der Kürze der Zeit, in der die Pilze wachsen und erntereif sind.
Für all diejenigen, denen die genannten Durchwachszeiten bis zur ersten Ernte zu lang sind oder aber für jene Pilzliebhaber, die bei der Holzbeschaffung Schwierigkeiten haben, gibt es eine gute Alternative – den bereits fertig beimpften und vom Myzel durchwachsenen Stamm. Solche Stämme erhalten Sie zum Beispiel bei der Pilzfarm Hawlick bei Wolfratshausen. Sie müssen dort allerdings

Pilze im Garten

abgeholt werden. Das hat den Vorteil, daß Sie sich unter dem Angebot die besten Exemplare selbst aussuchen können.

Ein Versand fertig präparierter Stämme ist leider nicht möglich. Das Verpacken und Verschicken wäre sehr kompliziert, die Frachtkosten nicht gerade niedrig. Wenn Sie aber im Norden oder im Westen der Bundesrepublik wohnen und einen Urlaub im Süden verbringen, ist das Abholen der Stämme schon nicht mehr so schwierig. Jeder, der an München vorbei oder um München herum in Richtung Salzburg fährt, kommt — nur wenige Kilometer von München entfernt — an der Autobahnabfahrt Hofoldinger Forst vorbei. Von dort ist es nicht mehr weit, bis zur Firma Hawlik, wo Sie sich im Pilzgarten einen schönen Stamm aussuchen können. Der Vorteil dieser Fertigkulturen ist ohne Frage, daß sie fachmännisch beimpft wurden und das Myzel bereits das Holz durchwachsen hat. Sie brauchen also nur noch den geeigneten Platz im Garten zu suchen, die Stämme leicht feucht halten und können mit Sicherheit bereits im ersten Jahr ernten. Jegliches Risiko entfällt. Weder beim Impfen noch während der Durchwachsphase kann Ihnen eine Panne passieren. Verkauft werden nur einwandfreie Stämme.

Im Angebot sind bekannte Arten holzbewohnender Pilze: Austernpilze (Sommer- und Wintertyp), Shii-Take, Samtfußrübling und Stockschwämmchen.

Holz ist sicher unterschiedlich teuer. Wenn Sie in einer ländlichen Gegend wohnen, ist es leichter, entweder bei einem Bauern mit Waldbesitz oder beim Förster geeignete Stammstücke preiswert zu bekommen. Es schont auch Ihren Geldbeutel, wenn Sie zum Beispiel dicke Äste oder Baumspitzen kaufen. Solche Teile sind in den meisten Fällen nicht mehr als Bau- oder Nutzholz zu verwenden, aber sie reichen wegen ihres Umfanges und Durchmessers durchaus noch für unsere Zwecke aus.

Wo es noch üblich ist, den jungen Mädchen zum 1. Mai eine Birke als Zeichen der Verehrung ans Haus zu stellen, kann man noch einfacher an geeignete Stämmchen kommen. Meist wählen die jungen Burschen recht kräftige Bäumchen aus, um der angebeteten Dame das Maß ihrer Wertschätzung zu beweisen. Solche Stämmchen haben dann auch für unsere Zwecke das geeignete Maß und sind zudem gerade frisch genug. Länger als 4 Wochen bleibt ein solcher Baum nicht am Haus, und oft sind sowohl die jungen Damen als auch die Eltern froh, wenn das Problem der Beseitigung im Zeitalter der Ölheizung so elegant gelöst werden kann. Sie sehen, das Landleben kann große Vorteile bringen.

Für Stadtmenschen ist das schon schwieriger. Wo gibt es in der Nähe einen Förster; wo wächst Laubholz; wie kommt man an das Holz, und ist es auch frisch genug? Und in der Holzhandlung bekommen Sie zwar

Pilze im Garten

Bretter und Balken, Leisten und Latten, aber kaum Stammholz. Denn das wird ja alles bereits fertig geschnitten vom Sägewerk bezogen. Besorgt man Ihnen aber auf Wunsch ein passendes Stück Stammholz, wird das automatisch eine Sonderleistung zum Sonderpreis. Da liegen Sie eventuell sogar schon billiger, wenn Sie einen bereits fertig präparierten Stamm von der Pilzfarm beziehen.

Ebensowenig wie ich bei der Vorstellung der fertigen Heimkulturen dem Fertigprodukt den Vorzug gegeben habe, soll hier der »Fertigstamm« als die beste Lösung empfohlen werden. Denn dazu bereitet das Selbermachen ja doch viel zuviel Spaß. Aber der Vollständigkeit halber soll diese Möglichkeit für alle diejenigen genannt werden, die Schwierigkeiten bei der Holzbeschaffung haben, aber sich trotzdem gern in ihrem Hausgarten in der Stadt eine Pilzecke einrichten möchten. Das gilt auch besonders für die Pilzarten, die sich nicht auf Stroh, sondern ausschließlich auf Holz ziehen lassen.

Was wächst auf Stämmen?

Ich möchte Ihnen hier die vier gebräuchlichsten Arten vorstellen, für die geeignetes Brutmaterial leicht zu bekommen ist. Zwei davon — den Austernpilz und den Shii-Take — bekommen Sie sogar problemlos in Packungen in Samenfachgeschäften oder im Gartencenter. Die beiden anderen Sorten, Stockschwämmchen und Samtfußrübling, sind von Pilzfarmen auf Bestellung zu beziehen. Die Gartenversender bieten meist nur den Sommeraustempilz in ihrem Ka-

Außer auf Stroh und Substrat wächst der Austernpilz auch auf Stämmen.

Pilze im Garten

talog an, der Wintertyp muß wieder bei einer Pilzfarm bestellt werden. Es gibt daneben noch die eine oder andere Art, die sich kultivieren läßt, aber ich habe Ihnen im Vorwort ein praktisches Buch versprochen, und so möchte ich mich auf die vier Sorten beschränken, für die es erprobtes und bewährtes Brutmaterial gibt und die leicht zu verarbeiten sind. Die Lieferadressen finden Sie am Ende des Buches im Bezugsquellenverzeichnis. Sollten Sie Interesse an anderen als den genannten vier Arten haben und sie ausprobieren wollen, dann erhalten Sie noch folgende Sorten: Südlicher Schüppling, Rillstieliger Seitling, Ulmenseitling (nur für Ulmenholz!), Rauchgraublättriger Schwefelkopf, Judasohr und Nameko (das ist gewissermaßen das asiatische Stockschwämmchen).

»Gut Holz« ist wichtig

Für die Kultivierung von Pilzen auf Holzstämmen ist für alle Arten, die bei uns angeboten werden, nur Laubholz zu verwenden. Dabei kann es sich um Hart- oder auch Weichholz handeln.

Wichtig sind in erster Linie Alter und Qualität der Stämme. Wenn ein Pilz eine besondere Holzart bevorzugt oder aber nicht verträgt, werde ich jeweils darauf hinweisen.

Das Holz sollte zum Beimpfen so frisch wie möglich sein. Wenn es Ihnen möglich ist, besorgen Sie sich die Stammstücke unmittelbar nach dem Fällen der Bäume. Das hat zwei Gründe.

Das Holz enthält zu diesem Zeitpunkt die notwendige Feuchtigkeit, damit das Myzel im Stamm gut wächst. Diese Feuchtigkeit reicht meist für

Zwischen 15 und 25 cm Durchmesser ist ein gutes Maß für die Holzstämme.

Pilze im Garten

das Anwachsen des Myzels. Älter als 6 Monate sollten die Stämme auf keinen Fall sein, da sie dann zu trocken sind und erst wieder langwierig gewässert werden müssen.

Der zweite Grund, das Holz so frisch wie möglich zu beimpfen, hat mit dem Befall durch Fremdpilze zu tun. Auf der Baumrinde befinden sich nämlich Sporen von Schimmel- und Schadpilzen. Solange der Baum im Wald steht, sorgt ein natürlicher Abwehrmechanismus des Baumes dafür, daß die meisten Schadpilzarten nicht anwachsen können. Ist der Baum aber gefällt, so kommt der Saftfluß im Holzinneren zum Stillstand und die Schadpilze beginnen sich auszubreiten. Je länger die Stammstücke liegen, desto mehr breiten sich die unerwünschten Fremdpilze aus. Sie können das Wachstum unserer Pilzbrut stören oder sogar bei starkem Befall ganz verhindern. Wird das Holz im frischen Zustand beimpft, setzt sich das Myzel des Zuchtpilzes durch und drängt die Schadpilze zurück.

Unsere Stämme haben gerade die richtige Größe, wenn sie einen Durchmesser von ungefähr 20 cm und eine Länge von 50 cm haben. Man kann natürlich auch etwas kürzere Stücke verwenden. Bei Längen zwischen 50 und 100 cm ist das Gewicht ausschlaggebend – sie sind schwieriger zu handhaben. Es sollten dann aber einige Impfstellen mehr angebracht werden, damit das Myzel den Stamm besser durchwächst. Solche längeren Stammstücke haben allerdings gegenüber kürzeren oder dünneren den Vorteil, daß sie einen höheren Ertrag bringen. Man kann von der Faustregel ausgehen, daß die mögliche Erntemenge ungefähr 20–30% des Holzgewichtes entspricht.

Shii-Take werden gern auf entsprechend dicke Aststücke von Eichen (10 cm Durchmesser), sogenannte Knüppel, geimpft. Aber entsprechend dicke Äste lassen sich auch bei den anderen Pilzarten verwenden. Im Gegensatz zum Stammholz sind sie nicht gerade, sondern unregelmäßig gebogen und lassen sich daher schlecht als Bau- oder Nutzholz verwenden. Sie sind dann auch billiger zu haben. Eine Anfrage beim Förster oder ein aufmerksames Beobachten jener Stellen, wo Bäume gefällt werden, kann eine Menge Geld sparen. Sehr oft werden solche Baumteile nämlich an Ort und Stelle verbrannt, weil sie für andere Zwecke nicht zu verwenden sind und keinen Abnehmer finden. Das sogenannte Knüppelholz bringt natürlich weniger Ertrag, als die dickeren Stammabschnitte, weil ja die Erntemenge nur ca. 20–30% des Holzgewichtes ausmacht.

Zum Shii-Take noch eine Anmerkung: Eichenholz eignet sich hier am besten und sollte – wenn Sie es erhalten können – bevorzugt werden. Der kräftig wachsende Pilz sprengt nämlich bei anderen Laubholzarten – besonders bei Birke – die dünnere Rinde und sie schält sich nach kurzer Zeit ab. Das dann freiliegende

Pilze im Garten

Stammholz verliert dadurch viel Feuchtigkeit, es muß oft bewässert werden, sonst trocknet die Kultur aus und Sie bekommen nur geringen oder gar keinen Ertrag.
Wenn Sie allerdings nur Holz erhalten können, das nicht frisch, sondern vor längerer Zeit geschlagen worden ist, müssen Sie eventuell etwas wässern. Solche Stammstücke, sogenanntes Meterholz, sieht man oft im Wald zu Stapeln aufgeschichtet. Je nachdem, wie lange das Holz dort schon gelagert wurde, ob der Lagerplatz sonnig auf einer Lichtung oder schattig zwischen Bäumen ist, hat es unterschiedlich viel Eigenfeuchtigkeit während der Lagerung verloren. Man kann aber nach einer recht einfachen Faustregel die Verwendbarkeit beurteilen: Zeigen sich an den Schnittflächen nur ganz feine, kaum wahrnehmbare Risse, so können Sie das Holz direkt weiterverarbeiten. Erst

Kürzere Holzstämme eignen sich gut für eine Kultur auf Balkon oder Terrasse.

△
Die Kopfimpfung ist die einfachste Impfmethode bei Stämmen.

Nach dem Aufbringen der Brut wird die abgeschnittene Scheibe wieder befestigt. ▷

wenn die Risse an den Stirnseiten der Stammstücke 1 mm oder breiter sind, müssen sie 3 Tage gewässert werden. Das muß in einem passenden Behälter (Tonne, Wanne o. ä.) geschehen. Die Hölzer werden dazu beschwert, damit sie ganz eintauchen können.

Die Impfmethoden

Es gibt vier Arten, das Impfgut in die Stämme einzubringen: die Kopf-, Bohrloch-, Keil- und Schnittimpfung. Jede der vier Arten hat ihre Vor- und Nachteile.

Beginnen wir mit der sogenannten **Kopfimpfung:** Ihr Vorteil ist schnell festgestellt. Sie ist einfach und ohne großen Zeit- oder Arbeitsaufwand

Pilze im Garten

durchzuführen. Die Nachteile beschränken sich auf zwei Dinge: Die Kopfimpfung ist nur für dickere Stämme geeignet, und die Hölzer wachsen nur sehr langsam durch, weil das Myzel von der Stirnseite des Stammes nach unten in nur einer Richtung durch das Holz wachsen kann. Dadurch beträgt die Durchwachszeit ein Mehrfaches gegenüber den drei anderen Verfahren. Bei dünnen und langen Hölzern – den sogenannten Knüppeln – kann auf der Schnittfläche nur sehr wenig Brut untergebracht werden, und das erschwert zusätzlich ein zügiges Durchwachsen.

Die Kopfimpfung kann folgendermaßen erfolgen. Von einem Ende des Stammes wird mit der Säge eine etwa 5 cm dicke Scheibe abgeschnitten. Der Stamm wird aufrecht gestellt und die Körnerbrut auf der Schnittfläche aufgestreut. Anschließend deckt man dann die Brut mit der abgeschnittenen Scheibe ab, die man mit einem längeren Nagel befestigt. Damit das Brutmaterial nicht herausfallen kann, wird der Schnitt rundherum mit breitem Plastikklebeband (sogenanntem Paketband) verschlossen. Solches Band haftet sehr gut auf Hölzern mit glatter Rinde, zum Beispiel Buche und Birke. Bei groben, borkigen Rinden, zum Beispiel bei Eiche und Robinie, sollte man sich anders behelfen. Man schneidet aus einer Plastik-Einkaufstüte schmale Streifen und befestigt sie dann rund um den Sägeschnitt entweder mit Reißzwecken, mit kleinen Nägeln oder mit einem Heftapparat.

Eine andere Methode der Kopfimpfung ist noch einfacher: Die Brut wird einfach auf die leicht angefeuchtete Stirnseite des Stammes gestreut und etwa fingerdick mit nassem Sägemehl bedeckt. Darüber kommt ein Plastikbeutel in passender Größe (zum Beispiel ein Gefrierbeutel), der entweder mit Klebeband, Reißzwecken oder kleinen Nägeln befestigt wird. In die Plastiktüte werden einige Luftlöcher gestochen, damit das Myzel beim Anwachsen Sauerstoff bekommt. Zum Durchwachsen dürfen Stämme mit Kopfimpfung nur stehend, mit der Impfstelle nach oben, aufbewahrt werden.

Die **Bohrlochimpfung** hat eigentlich nur den einen Nachteil, daß sie arbeitsaufwendiger ist. Ihr Vorteil ist, daß über die ganze Stammlänge Impfstellen verteilt sind und sich das Myzel von dort nach allen Seiten schnell ausbreiten kann.

Beginnen Sie etwa 5 cm unter der Schnittfläche des Stammes und verteilen Sie entsprechend große Bohrlöcher spiralförmig über die ganze Länge und um den Stamm herum. Die Löcher sollten ungefähr so groß wie ein Zweimarkstück und möglichst tief sein, aber nicht durch den ganzen Stamm gehen.

Am besten kann man solche tiefe Löcher immer noch mit der guten alten Brustleier bohren, das ist ein Handbohrer mit langen, auswechselbaren

Pilze im Garten

Bohreinsätzen. So ein Gerät hat am oberen Ende einen drehbaren Holzknopf, ist abgewinkelt und läßt sich wie eine Kurbel drehen. Zimmerleute und Schreiner benutzen einen solchen Bohrer auch heute noch.
In elektrische Handbohrmaschinen lassen sich normale Spiralbohrer in der Stärke, wie wir sie für unsere Zwecke brauchen, nicht einspannen. Aber auch da kann man sich behelfen, denn schließlich bieten solche Maschinen den Vorteil, daß man schnell und kräftesparend arbeitet. Benutzen Sie den dicksten Bohrer, den Ihre Maschine gerade noch faßt. Meist sind das Stärken von 13 bis 14 mm. Um allerdings das Holz optimal durchwachsen zu lassen, setzen Sie eine größere Zahl von Bohrlöchern in den Stamm. Auf diese Weise können Sie dann mehr Körnerbrut in das Holz einbringen. Sie können aber auch einen speziellen Bohreinsatz verwenden, den sogenannten Forstner-Bohrer. Bei diesem Werkzeug ist am unteren Ende des Stahlschaftes, der in die Bohrmaschine eingespannt wird, ein dicker Bohrkopf angebracht. So ein Bohrer ermöglicht dann größere Löcher, aber die Tiefe der Bohrungen ist durch die Werkzeuglänge begrenzt. Auch hier kann man sich mit einer größeren Anzahl von Löchern behelfen.
Nachdem rund um den Stamm herum und auf die ganze Länge verteilt die Bohrungen angebracht sind, wird die Körnerbrut in die Löcher eingefüllt. Dabei kann man sich gut mit einem

Bohrlochimpfung mit dem Spezialbohrer.

Bohrlöcher werden mit Korken geschlossen.

Pilze im Garten

normalen Haushaltstrichter helfen. Damit die Körner die untere Trichteröffnung nicht so schnell verstopfen, füllen Sie das Impfgut am besten langsam und vorsichtig ein und schieben jeweils mit einem Hölzchen nach. Die Impflöcher werden anschließend mit passenden Korken, mit Klebeband oder aufgenagelten kleinen Pappscheiben verschlossen, damit die Brut nicht herausfällt. So beimpfte Stämme können zum Durchwachsen sowohl stehend als auch liegend aufbewahrt werden. Bei der Kultur von Stockschwämmchen wird ja der Stamm liegend bis zur Hälfte im Boden eingegraben. Hier bitte bei der Bohrlochmethode die Löcher nur auf einer Längsseite des Stammes anbringen, die dann später **oben** liegen soll.

Die **Schnittimpfmethode** ist die wirkungsvollste, bei ihr kann das Myzel auf möglichst breiter Fläche den Stamm gleichzeitig nach oben und unten durchwachsen. Das ist der Vorteil gegenüber allen anderen Methoden. Je nach Länge des Stammes werden ein oder mehrere Sägeschnitte angebracht, die so tief wie möglich sein sollten, ohne daß der Stamm seine Festigkeit verliert und auseinanderbricht.
Lassen Sie sich an dieser Stelle warnen: Auf einigen Pilzbrut-Packungen ist in einer Zeichnung dargestellt, wie diese Schnitte mit einer Handsäge gemacht werden. Die Sägeblätter von Handsägen sind aber im allgemeinen so dünn, daß Sie in einen solchen Schnitt unmöglich die Pilzbrut einfüllen können. Das ist so, als wollten Sie das sprichwörtliche Kamel durch das oft zitierte Nadelöhr zwingen – die Einschnitte sind zu schmal. Ein Hersteller riet mir auf Anfrage, zwei Sägeschnitte im Abstand von ca. 2 mm nebeneinander anzubringen und mit einem alten, schmalen Schraubenzieher und einem Hammer das stehengebliebene Holz zwischen den Schnitten auszustemmen. Theoretisch geht das, aber in der Praxis ist das eine Strafarbeit. Auch mit einem schmalen, scharfen Stecheisen geht es nicht sehr viel besser und ist immer noch sehr mühsam.

Eine Motor-Kettensäge hat genau die richtige Schnittbreite, um das Impfgut anschließend bequem einfüllen zu können. Haben Sie selbst keine Kettensäge und findet sich auch in Ihrem Bekanntenkreis keine, gibt es immer noch eine einfache Lösung des Problems: Der Förster oder der Waldbesitzer, bei dem Sie das Holz kaufen, hat ganz bestimmt eine solche Säge und macht Ihnen auf Wunsch damit die erforderlichen Einschnitte. Dieses Anfertigen der passenden Sägeschnitte ist eigentlich der einzige Nachteil bei dieser Impfmethode. Bei 50 cm langen Hölzern empfehle ich 2 Schnitte, die jeweils etwa 10–15 cm von den Enden entfernt angebracht werden und ungefähr zu ¾ durch den Stamm gehen. Bei längeren Hölzern sehen Sie entsprechend mehr Schnitte vor.

Pilze im Garten

Die Einschnitte sollten zueinander versetzt sein; nach jedem Schnitt wird das Holz um 180 Grad gedreht, so daß die Impfstellen von beiden Seiten des Stammes her in das Holz führen.

Am besten können Sie die Körnerbrut mit zwei ganz einfachen Hilfsmitteln einfüllen: Schneiden Sie von einer Kaffee-Filtertüte unten einen schmalen Streifen ab, und benutzen Sie sie wie einen Trichter. Werden mehrere Pilzarten hintereinander auf Hölzer geimpft, wechseln Sie bitte jedesmal die Filtertüte. Oder schneiden Sie mit einem Dosenöffner von einer leeren Kondensmilchbüchse den oberen und unteren Deckel ab, und klopfen Sie mit einem Hammer ein Ende der Dose zu einem schmalen Schlitz zusammen. Mit diesem selbstgefertigten Trichter füllen Sie dann die Einschnitte. Ich habe dieses Verfahren selbst ausprobiert und damit sehr gut arbeiten können. Wenn Sie mit diesem Trichter verschiedene Brutarten hintereinander in Hölzer einbringen, sollte er unbedingt zwischendurch mit heißem Wasser ausgebrüht werden.

Die mit Brut gefüllten Einschnitte im Holz werden mit Klebeband oder mit Streifen geschlossen, die aus einer Plastik-Einkaufstüte geschnitten und mit Nägeln oder einer Heftklammerpistole befestigt werden.

Die so beimpften Stämme können zum Durchwachsen ebenfalls entweder stehend oder liegend aufbewahrt werden.

Die Durchwachsphase

In Fachbüchern wird empfohlen, die Stämme nach dem Impfen für das Durchwachsen in einem sogenannten Impfgraben unterzubringen. Das ist eine Erdgrube, in der die Stämme aufrecht stehend untergebracht werden, mit einer Strohschicht und Erde abgedeckt. In einer solchen Grube bietet die Bodenfeuchtigkeit dem Myzel gute Wachstumsbedingungen. Es wird aber gleichzeitig darauf hingewiesen, daß die Anlage einer Grube wirklich nur dann gerechtfertigt ist, wenn eine größere Anzahl von Hölzern untergebracht werden soll. Das ist dann zum Beispiel der Fall, wenn ein Gärtnereibetrieb als zusätzliches Angebot in seinem Programm frische Zuchtpilze anbauen will. Dort hat man im allgemeinen auch den ausreichenden Platz, um Pilzkulturen professionell anzulegen und zu bearbeiten. In Haus- und Kleingärten aber, wie sie uns zur Verfügung stehen, ist viel zu wenig Raum, um einen sonst ungenutzten Impfgraben anzulegen. So müssen also für unsere Zwecke andere und einfachere Wege gesucht werden.

Bei meinen eigenen Versuchen und Anzuchten konnte ich eine sogenannte Obstwiese benutzen, wie sie in Hausgärten in ländlichen Gegenden heute noch üblich sind: In einem Teil des Gartens stehen die Obstbäume, und darunter wächst hohes Gras. So ein Platz ist für die wenigen Stämme, die wir für unsere Zwecke beimpft haben, ideal. Im Schatten der

Pilze im Garten

Die Schnittbreite ist wichtig für das bequeme Einbringen der Brut.

Die Schnitte sollen gegeneinander versetzt sein, damit der Stamm seine Festigkeit behält.

Pilze im Garten

Einfache Hilfsmittel, wie ein Kaffeefilter...

...oder eine Milchdose helfen beim Einfüllen der Brut in die Schnitte.

Damit die Brutkörner nicht herausfallen, werden die Schnitte mit Plastikstreifen verschlossen.

Pilze im Garten

Die beimpften Stämme brauchen zum Durchwachsen mit Myzel einen geeigneten Platz.

Bäume suchen wir uns einen Platz, wo die Hölzer am wenigsten stören, und mähen in einigem Abstand drum herum das Gras nicht ab, sondern lassen es höher wachsen. So erhalten wir unter den Bäumen einen schattigen Platz, und das umgebende Gras schafft ständig ein leicht feuchtes Kleinklima, in dem das Myzel gut in den Stämmen durchwachsen kann. Eine zusätzliche Abdeckung ist dann nicht nötig. Im Gegenteil — die frei liegenden, beschatteten Hölzer werden durch den Regen immer wieder mit Feuchtigkeit versorgt und brauchen nicht gegossen zu werden. Auch ein schattiger Platz neben oder unter Hecken und Büschen bietet sich an. Hier sollte aber das Holz von Zeit zu Zeit mit einer Gießkanne befeuchtet werden, damit es nicht zu trocken wird. In warmen Sommermonaten ohne viel Regenfälle sollte man ruhig ein- bis zweimal in der Woche mit der Gießkanne die Stämme beregnen. Sie können aber auch die an einem solchen Ort gelagerten Stämme mit Laub, Stroh oder alten Säcken abdecken und diese Abdeckung ständig leicht feucht halten.

Pilze im Garten

Findet sich im Kleingarten kein Platz unter Obstbäumen, Büschen oder Hecken, so eignet sich auch die schattige Rückseite der Gartenlaube. Die beimpften Stämme werden dicht aneinandergelegt und ebenfalls bei Bedarf beregnet. Abdeckungen halten auch hier die Feuchtigkeit in den Stämmen. Gute Dienste leistet auch ein über die Stämme gesetzter Folientunnel.

Das Myzel ist – wenn es einmal im Stamm eingewachsen ist – frostfest. Das geht schon daraus hervor, daß die Stämme – einmal an ihren endgültigen Standort gebracht – Sommer wie Winter im Freien bleiben und dabei keinen Schaden nehmen, sondern im nächsten Jahr wieder Pilze hervorbringen. Die einzige Vorbedingung ist, daß das Myzel nach dem Impfen mindestens 2–2½ Monate bei Tagestemperaturen zwischen 15 und 20 °C wachsen konnte. Dann können die Stämme ungeschützt überwintern. Wenn das Holz im Frühjahr beimpft wird, ist diese Bedingung immer erfüllt. Wird die Brut aber erst im Spätsommer oder Frühherbst in die Hölzer eingebracht, empfiehlt es sich, die Stämme über Winter entweder mit einer dicken Laub- oder Strohschicht und aufgelegten sauberen, alten Säcken vor Frost zu schützen oder in einem frostfreien Raum zu lagern. Wird eine Pilzkultur im Spätherbst oder gar im Winter angelegt, so muß sie auf alle Fälle in einem frostgeschützten Raum gelagert werden – das gerade erst im Einwachsen begriffene Myzel würde im Freien erfrieren. Die Stämme sollten dann aber in feuchte Säcke eingeschlagen werden, die ab und zu etwas begossen werden. Eine andere Möglichkeit ist die Unterbringung in Plastiksäkken. Dazu eignen sich zum Beispiel Müllsäcke sehr gut, sie müssen aber zum Luftaustausch mit ein paar Löchern versehen werden. Sehr gut verwenden lassen sich die sogenannten Kompostsäcke aus grünem Plastik von der Firma Neudorff. Diese Kompostsäcke finden Sie teilweise auch im Katalog einiger Gartenversender. Ich habe sie zum Beispiel im Dehner-Katalog gesehen, wo sie im Sechser-Pack angeboten werden. Sie sind bereits mit den notwendigen Löchern versehen. Auch bei Plastiksäcken muß ein Austrocknen der Hölzer durch gelegentliches Gießen verhindert werden.

Die Durchwachszeit der Stämme hängt von verschiedenen Faktoren ab: Holzart, Dicke und Länge der Stämme, Temperatur und Feuchtigkeit. Allgemeingültige Werte lassen sich nicht angeben, man kann sich aber sehr gut auf Richtwerte verlassen.

Das Myzelwachstum beginnt zwar bereits bei Temperaturen knapp unterhalb von 10 °C, die Idealtemperaturen liegen allerdings bei etwa 20 °C. Bei Temperaturen über 30 °C beginnt das Myzel abzusterben, wenn es längere Zeit diesen hohen Temperaturen ausgesetzt ist. Deswegen ja auch die schattige Lagerung. Nehmen wir den

Das Myzel ist deutlich erkennbar.

◁ Der erste Ertrag ist meist erst im Jahr nach dem Impfen der Stämme zu erwarten.

Richtwert bei »normalen« Pilzstämmen, also 20 cm dick und 50 cm lang, so ist bei Weichholz mit ungefähr 6 Monaten, bei Hartholz mit 10–12 Monaten für das Durchwachsen zu rechnen. Dabei sollten den Sommer über die Durchschnittstemperaturen zwischen 15 und 25 °C gelegen haben und die Stämme öfter befeuchtet worden sein. Dünne oder kürzere Stämme wachsen schneller durch, längere oder dickere brauchen etwas mehr Zeit.
Eine Kontrolle, ob das Myzel eingewachsen oder ob die Brut in Ordnung ist, läßt sich leicht durchführen: Er-

Pilze im Garten

scheinen zuerst um die Schnittfläche oder Bohrlöcher herum und dann an den Enden der Hölzer weiße Flecken, die wie Schimmelpilz aussehen, ist das Myzel eingewachsen. Das kann sich bereits nach 2–3 Monaten bei Weichhölzern zeigen. Bei der Kopfimpfung ist das gute Durchwachsen erst dann zu erkennen, wenn sich über die ganze Stammlänge stellenweise leicht weißes Myzel zeigt und seine Spuren auch an dem Stammende, das der Impfstelle gegenüberliegt, auftreten. Etwa 6 Wochen nach dem Impfen können sie überprüfen, ob die Kultur in Ordnung ist. Entfernen Sie etwas von der Abdeckung der Impfstelle. Ist die Brut weiß geblieben oder vom Austrocknen an der Oberfläche gelb bis hellbraun verfärbt, ist alles in Ordnung. Zeigt sich aber grüner oder schwärzlicher Schimmelbefall, ist die Kultur schwer geschädigt. Meist können die Stämme dann nur noch als Feuerholz verwendet werden.

Sind die Stämme gut durchwachsen, kommen sie an ihren endgültigen Standort. Vor übertriebenem Optimismus möchte ich Sie allerdings warnen: Teilweise wird behauptet, man könnte – zumindest beim früher tragenden Weichholz – schon im ersten Jahr mit Erträgen rechnen. Das kann nicht stimmen, rechnen Sie einmal selbst nach: Beim Impfen im Frühjahr treten die für das Durchwachsen idealen Temperaturen erst in der zweiten Maihälfte nach den berüchtigten Eisheiligen ein. Mindestens 4 Monate aber braucht das Myzel in einem guten Jahr zum Durchwachsen, und dann ist es bereits September. Weitere 8 Wochen aber würden die Pilze nach dem Eingraben am endgültigen Standort brauchen, um am Stamm erscheinen zu können – und dann ist's November, zu kalt für die Pilze. Fassen Sie sich also in Geduld, erwarten Sie nichts Unmögliches, und freuen Sie sich statt dessen auf die erste Ernte im nächsten Frühjahr.

Der endgültige Standort
Für die auf Holz wachsenden Pilze gilt das gleiche, was über den Standort von Strohballenkulturen bereits gesagt ist. Ich möchte es also – um die Erinnerung aufzufrischen – hier nur noch einmal kurz wiederholen. Die beimpften und durchwachsenen Stämme sollen einen schattigen, luftigen, aber nicht zugigen Platz bekommen. Geeignet dafür sind Standorte unter Bäumen, Büschen und Hecken. Wo mit Schnecken zu rechnen ist, sollten Sie auf jeden Fall einen entsprechenden Schutz vorbereiten. Bitte lesen Sie noch einmal nach, was bei den Strohballen-Kulturen im Abschnitt »Schädlinge und ihre Abwehr« dazu vorgeschlagen ist (siehe Seite 78).

Bevor die Hölzer an ihren endgültigen Standort gebracht werden, wird von den Impfstellen die Abdeckung entfernt. Die vom Myzel durchwachsenen Stämme von Sommer- oder Winterausternpilz werden etwa 10 cm tief aufrecht stehend in den Boden einge-

Pilze im Garten

Der ideale Standort für die Stämme: Im Schatten von Bäumen und Sträuchern.

graben. Die Erde um den Stamm herum wird festgetreten, um den Hölzern einen festen Stand zu geben. Wenn Sie mehrere Stämme beimpft haben, lassen Sie zwischen ihnen einen Abstand von ungefähr 30 cm. Die Fruchtkörper erscheinen nämlich auch seitlich am Holz, sie sollten also genügend Platz für ihre Entwicklung haben, aber auch für die Ernte.
Shii-Take brauchen nicht unbedingt den Erdkontakt. Ich habe auf einer Pilzfarm gesehen, wie zwischen zwei Pfählen ein Draht gespannt war, gegen den die geimpften Knüppel von beiden Seiten einfach nur angelehnt waren. Das lohnt aber nur, wenn man eine größere Anzahl von längeren Stämmchen hat. Grundsätzlich aber können mit Shii-Take beimpfte Hölzer genauso wie Austernpilz-Kulturen aufrecht stehend eingegraben werden. Das Myzel dringt nämlich in den Boden ein und versorgt von dort die Kultur mit Feuchtigkeit.
Die Stämme, auf die Brut für Stockschwämmchen geimpft wurde, sollen am besten liegend bis zur Hälfte ihres Durchmessers eingegraben werden. Dabei ist bei der Schnittimpfmethode darauf zu achten, daß die Schnitte seitlich zu liegen kommen. Wie bei vielen anderen Eigenarten der Pilze weiß man auch hier nicht genau, warum beim Stockschwämmchen die Kultur auf liegend eingegrabenen Stämmen am besten funktioniert. Es wird aber mit Recht vermutet, daß der besonders gute Bodenkontakt und die Feuchtigkeit im Erdreich dabei eine Rolle spielen. Stockschwämmchen bilden nämlich erst dann Frucht-

Pilze im Garten

körper, wenn das Myzel voll entwickelt ist und genügend Feuchtigkeit aufnehmen kann.
Für den Samtfußrübling gelten die gleichen Empfehlungen, wie für den Austernpilz. Die Stämme können aufrecht stehend eingegraben werden. Alle Pilzarten sind — wenn die Stämme erst vom Myzel durchwachsen sind — winterfest und brauchen keinen Frostschutz oder Abdeckungen.

Knüppelholz mit Shii-Take geimpft.   ▷

Hölzer mit Stockschwämmchen sollen bis zur
Hälfte liegend eingegraben werden.   ▽

Pilze im Garten

Pflegemaßnahmen
Die Kulturen auf Holzstämmen sind sehr robust und widerstandsfähig und brauchen deshalb so gut wie gar keine besondere Pflege. Eines ist den Kulturen gemeinsam: Sie dürfen nicht austrocknen. Während der warmen Sommermonate sollten Sie deshalb dafür sorgen, daß die Stämme leicht feucht gehalten werden. Ein- bis zweimal in der Woche mit der Gießkanne oder mit der feinstrahligen Schlauchbrause wässern reicht aus. Nach jeder Ernte aber sollten Sie mit dem Wasser großzügiger umgehen, weil die gewachsenen Pilze dem Holz mehr Feuchtigkeit entzogen haben.
Alle vier erwähnten Pilzarten haben einen gemeinsamen Feind – die Schnecken. Eine Abwehr dieser gefräßigen »Mitesser« sollte deshalb unbedingt zu den Pflegemaßnahmen gehören. Dabei möchte ich Ihnen zu der beschriebenen Kombination von Schneckenzaun und – bei kürzeren Stämmen – Folientunnel raten. Durch die Überdachung läßt sich die Feuchtigkeit auch viel besser in der Kultur halten. Für höhere Stämme, die nicht unter einen Folientunnel passen, empfehle ich Ihnen sogenannte Tomaten-Reifehauben, die Sie den Stämmen überstülpen können.
Mit der ausreichenden Feuchtigkeit und dem Schneckenschutz sind die notwendigen Pflegearbeiten bereits getan. Mehr ist nicht nötig, da die Kulturen auf Holzstämmen sehr genügsam sind. Es erübrigt sich fast, noch einmal darauf hinzuweisen, daß Dünger, Schneckenkorn oder andere Schädlingsbekämpfungsmittel auf keinen Fall in Pilzkulturen etwas zu suchen haben.

Ernte
Sie können davon ausgehen, daß die Erntemengen pro Stamm verteilt über die gesamte Kulturzeit etwa 20–30 % des Holzgewichtes betragen. Hartholz bringt gegenüber Weichholz bei Stämmen gleicher Größe höhere Erträge. Das liegt ganz einfach daran, daß Harthölzer dichter und fester gewachsen sind, ein höheres Gewicht aufweisen und größere Nährstoffreserven bieten.
Die Kulturzeit ist deswegen bei Harthölzern fast um das Doppelte länger. Weichholzstämme tragen 3, höchstens 5 Jahre, auf Hartholz dagegen kann 6–7 Jahre mit Erträgen gerechnet werden. Nach dem Ende der Ertragszeit sind die Nährstoffe in den Stämmen erschöpft, das Holz ist vom Myzel so stark durchwachsen und abgebaut worden, daß die Stämme bei einem kräftigen Stoß zerfallen.
Geerntet werden die auf Holz gezogenen Pilze durch Abschneiden mit einem scharfen Messer oder durch Abdrehen. Die Fruchtkörper sollen so dicht wie möglich am Stamm abgeschnitten werden.

Je nach Holzart kann sich die Ernte von Stämmen auf bis zu 7 Jahre erstrecken. ▷

Verwertung

Verwertung

Welche Teile werden verwendet?

Unsere selbstgezogenen Pilze schmecken natürlich erntefrisch zubereitet am besten. Es kann Ihnen aber passieren, daß einige große Exemplare schon erntereif sind, neben ihnen aber noch einige kleinere heranwachsen. Die sollen dann natürlich mit in den Topf, damit es eine große Portion ergibt. Sie können die ersten, bereits reifen Pilze im Gemüsefach des Kühlschranks aufbewahren, bis die kleineren nachgewachsen sind. Braunkappen und Austernpilze, Stockschwämmchen und Samtfußrübling lassen sich bis zu 6 Tagen im Kühlschrank lagern. Champignons halten sich höchstens 4 Tage. Sie sind zwar danach noch nicht verdorben, aber ihre weiße Farbe wird langsam bräunlich, sie sehen dann nicht mehr appetitlich aus. Haltbar sind sie aber — genau wie die anderen Sorten — bis zu 6 Tagen. Generell gilt jedoch, daß man lange Lagerzeiten vermeiden soll. Länger als 48 Stunden sollten die Pilze eigentlich nicht im Kühlschrank liegen.

Von den Champignons, Egerlingen und Braunkappen wird nur das untere Stielende abgeschnitten, das mit Erde und Substrat verschmutzt ist. Der gesamte Rest kann verwendet werden.

Bei den Austernpilzen und größeren Shii-Take läßt man nur etwa 1 cm des Stiels am Hut. Der Rest der Stiele ist fester als die Hüte und würde bei der

Verwertung

Zubereitung nicht weich werden. Man kann diese Stielteile beim Shii-Take aber entweder trocknen und dann zu Pilzpulver verarbeiten oder zu Pilzextrakt einkochen. Sie enthalten für eine solche Verwendung noch reichlich Aromastoffe. Die Stiele von kleineren Shii-Take können zusammen mit den Hüten verarbeitet werden. Bei den Stockschwämmchen wird nur der Hut verwendet. Die Stiele sind für eine andere Verwendung zu holzig. Samtfußrüblinge können wiederum ganz verwendet werden.

Einzelne Rezepte für die Zubereitung möchte ich Ihnen hier nicht geben, denn so eine Sammlung von Tips und erprobten Kochanleitungen würde ein Buch für sich allein füllen. Außerdem gibt es auf dem Markt eine Anzahl wirklich vorzüglicher Pilzkochbücher, in denen Sie ganz bestimmt ein Rezept nach Ihrem Geschmack finden können.

Trocknen

Die älteste und wohl auch bekannteste Konservierungsart für Pilze ist das Trocknen, wobei die Aromastoffe weitgehend erhalten bleiben. Vor allen Dingen Strohballen-Kulturen können im Sommer mehr Pilze auf einmal hervorbringen, als man für die Zubereitung einer Mahlzeit braucht, und es ist nicht jedermanns Sache, kurz hintereinander ein zweites oder gar drittes Mal Pilze zu essen, nur damit sie nicht verderben.

Am einfachsten lassen sich Pilze auf die Art trocknen, wie es schon unsere Großeltern gemacht haben: Größere Pilze werden in dünne Scheiben geschnitten, kleinere halbiert oder geviertelt. Man nimmt eine Nähnadel mit einem möglichst langen Zwirnsfaden und fädelt die Pilzscheiben und -stücke auf. Sie sollen etwas auseinander hängen und sich nicht berühren. So kann die Luft von allen Seiten heran, die Stücke können nicht aneinanderkleben und sich an solchen Stellen auch nicht zersetzen. Die Fäden mit den Pilzstücken sollen luftig, trocken und schattig aufgehängt werden, auf keinen Fall in die pralle Sonne. Auch Fliegen sollten nicht herankönnen, um zu vermeiden, daß sie ihre Eier in den Pilzen ablegen. Ein Dachboden ist ein idealer Platz.

Sie können die zerteilten Pilze auch einfach auf Pergamentpapier zum Trocknen ausbreiten. Dann müssen Sie während des Trockenprozesses mehrmals gewendet werden.

Wenn Sie ein spezielles Trockengerät haben, wie es in Bio-Läden verkauft oder in Gartenzeitschriften in Anzeigen angeboten wird, geht es am leichtesten. Bei solchen Geräten ist die Temperatur geregelt, und der Luftstrom wird von einem Ventilator erzeugt.

Gute Ergebnisse bringt aber auch das Backrohr des Elektroherdes. Die Pilze werden – ebenfalls auf Pergamentpapier – auf dem Backblech ausgebreitet getrocknet. Die Temperatur darf aber 50 °C nicht übersteig-

Verwertung

Pilze lassen sich gut trocknen und behalten — in verschlossenen Gläsern — lange ihr Aroma.

gen, die Klappe des Backofens muß leicht geöffnet sein, damit die Feuchtigkeit abziehen kann. Man klemmt zwischen Ofentür und Herd ein Hölzchen, einen Kochlöffel oder ein zusammengerolltes Papier, damit die Klappe nicht durch den Schließmechanismus zugedrückt wird. Gasherde sind zum Trocknen nicht geeignet, weil die erreichten Temperaturen selbst bei kleinster Reglereinstellung 50 °C weit überschreiten.

Natürlich müssen die Pilze vor dem Trocknen geputzt werden. Sie werden so lange getrocknet, bis sich die Scheiben brechen lassen. In diesem Zustand haben sie nur noch ungefähr 10% Feuchtigkeit und lassen sich in gut verschlossenen Gläsern aufbewahren, ohne zu schimmeln oder zu verderben.

Vor Verwendung weichen Sie die Pilze über Nacht ein und verwerten sie dann mit dem Einweichwasser, weil darin viel Geschmacks- und Aromastoffe enthalten sind.

Sie können die getrockneten Pilze oder die getrockneten Stiele auch zu Pilzpulver weiterverarbeiten. Das geht am besten mit einer Gewürzmühle oder einem elektrischen Zerkleinerer.

Die Gläser, in denen die Trockenpilze oder das Pilzpulver aufbewahrt werden sollen, spült man vorher so heiß wie möglich aus und trocknet sie bei über 100 °C im Backofen. Sie werden dadurch sterilisiert.

Verwertung

Einmachen

Pilze lassen sich auch in normalen Einkochgläsern konservieren. Dazu werden sie nach dem Putzen kurz blanchiert, d. h., sie werden ungefähr 5 Minuten in kochendes Wasser gebracht. Dann läßt man sie abtropfen. Sind die Pilze abgekühlt, werden sie in Einmachgläser geschichtet und mit Salzwasser übergossen. Auf 1 Liter Wasser geben Sie 10−20 g Kochsalz. Gläser verschließen und 90 Minuten im Wasserbad einkochen. Mögen Sie es pikant, nehmen Sie statt Salzwasser einen Würzsud. Er besteht aus ¼ Liter Wasser, ½ Liter Weinessig, 100 g Zucker, 2 Lorbeerblättern, 150 g Zwiebelringen oder kleinen Zwiebelchen und frischen Kräutern. Es eignen sich Dillblüte, 2−3 Zweige Estragon, Zitronenmelisse oder etwas Zitronenthymian. Auch ein paar Senfkörner, Nelken

Wie Pilze eingemacht werden können, zeigen die drei nebenstehenden Rezepte.

Verwertung

oder Wacholderbeeren können Sie hinzufügen. Das Wasser wird mit Essig, Zucker, Kräutern und Gewürzen aufgekocht, die Pilze 5 Minuten in diesem Sud gegart, anschließend in die Gläser gefüllt und die heiße Flüssigkeit darüber gegossen. Gläser verschließen und einkochen.
Eine andere Konservierungsmöglichkeit ist, Pilze in Essig und Öl einzulegen. Dazu können Sie besonders gut Vakuumgläser mit sogenanntem Twist-off-Deckel verwenden. Haben Sie solche leere Gläser im Hause, können Sie sie gut wieder verwenden, denn der im Deckel eingelassene Dichtring hält so lange, daß diese Gläser noch zwei- bis dreimal benutzt werden können. Also – leere Gläser nicht fortwerfen, sondern wiederverwenden.
1 Liter Wasser wird mit ¼ Liter Essig, 100 g Zucker und 5 Eßlöffel Salz aufgekocht, die Pilze darin 5 Minuten gegart. Anschließend die Pilze in Gläser füllen, den Sud kochend darüber gießen und obenauf eine 1 cm dicke Schicht Speiseöl gießen. Das Öl schließt das Eingemachte luftdicht ab. Die Twist-off-Deckel sofort fest aufdrehen. So eingemachte Pilze halten sich etwa ein Jahr.

Pilzextrakt

Die Konservierungsart möchte ich Ihnen eigentlich nur der Vollständigkeit halber beschreiben. Pilzextrakt kann lediglich hergestellt werden, wenn man entweder einen Entsafter im Haus hat oder einen Dampfkochtopf, der zum Entsaften benutzt werden kann. Die gewonnene Pilzflüssigkeit wird mit Pfeffer und Salz gewürzt und dann durch Kochen eingedickt. Dieses Konzentrat wird in Flaschen abgefüllt und luftdicht verschlossen. Dafür eignen sich sehr gut die kleinen Kaffeesahne-Fläschchen mit Twist-off-Deckel. Die Deckel lassen sich wiederverwenden. Die kleinen Fläschchen haben für solchen Pilzextrakt eine praktische Größe. Sie sollten aber nach dem Füllen auf jeden Fall eingekocht werden. Der Extrakt kann zum Würzen von Suppen und Soßen verwendet werden. Man kann geteilter Meinung darüber sein, wo der Vorzug gegenüber getrockneten Pilzen liegt. Ich persönlich würde für diesen Zweck immer Trockenpilze vorziehen.

Einfrieren

Alle unsere erwähnten Pilzarten können auch tiefgefroren werden. Sie sollten allerdings vorher kurz in kochendem Wasser blanchiert werden. Nach dem Abtropfen werden sie in Gefrierbeutel gefüllt und eingefroren. Sie halten sich auf diese Weise mindestens ein ganzes Jahr. Sie sollten vor der Verwendung aber nicht aufgetaut werden, sonst werden sie matschig. Gefroren in den Kochtopf, so gelingen sie besser.

Kurzporträts

Sie haben sicher festgestellt, daß für die beiden Arten von Strohballen-Kulturen als auch für die erwähnten vier Pilzarten, die auf Holz gezogen werden, jeweils gleiche Kultur- und Pflegearbeiten anfallen. Das macht es in beiden Fällen recht einfach.
Ich möchte Ihnen nun die Pilze vorstellen, die im Garten oder auf Balkon und Terrasse sowie im Haus zu ziehen sind. Dabei möchte ich auf Champignons, Egerlinge und Schopftintlinge, die in Fertigkulturen geliefert werden, nicht eingehen.

Braunkappe oder Kulturträuschling

Die Braunkappe *(Stropharia rugosa-annulata)* ist ein verbreiteter Kulturpilz. Der Hut ist gelbbraun bis rotbraun, erreicht im erntereifen Zustand einen Durchmesser zwischen 4 und 15 cm, bei einzelnen, besonders großen Exemplaren bis teilweise 25 cm. Der Stiel ist dick, fest und fleischig, weiß bis leicht gelblich und wird bei der Zubereitung mitverwertet. Der Hut ist zuerst halbkugelförmig bis oval, die Hutränder sind nach unten gebogen und mit dem Stiel durch ein dünnes Häutchen verbunden, das zerreißt, wenn sich die Hutränder beim Weiterwachsen bis in die Waagerechte aufwärts biegen. Die Lamellen an der Hutunterseite enthalten graue bis schwarzlila Sporen, die bei der Zubereitung dem Gericht eine dunkle Farbe geben. Das beeinflußt die Qualität nicht im geringsten, wen es aber stört, der kann vor der Zubereitung die Lamellen mit einem scharfen Küchenmesser ausschneiden und das weiße Hutfleisch und die ebenfalls weißen Stiele verwenden. Braunkappen werden nicht geschält, sondern nur gewaschen. Wenn man sie nicht erntefrisch verwendet, lassen sie sich bis zu 2 Tagen im Gemüsefach des Kühlschranks lagern, einfrieren, einmachen, trocknen und zu Pilzpulver oder -extrakt verarbeiten. Sie sind reich an Vitaminen — besonders des B-Komplexes —, Spurenelementen und Nikotinsäure, die sich positiv auf Nervensystem und Verdauungsorgane auswirkt.
Braunkappen können als Heimkulturen auf Strohsubstrat gezogen werden, als Freilandkultur auf gut gewässerten Strohballen. Im Freien sind mit gleichem Brutmaterial Sommer- und Winterkulturen möglich, von Myzel durchwachsene Strohballen sind frostfest und können überwintern. Ertragsmengen pro Strohballen (witterungsabhängig): 4–5 kg. Bezugsquellen für Brut: Gartenfachhandel, Gartencenter, Versandhandel und Pilzfarmen.

Kurzporträts

Austernpilz, Austernseitling, auch Kalbfleischpilz

(Sommer- und Wintertyp)

Der Sommertyp des Austernpilzes *(Pleurotus ostreatus* f. *florida)* ist weißlich, gelblich bis gelbbraun gefärbt, der Wintertyp grau, graublau bis stahlgrau. Der Hut ist bei beiden Sorten im Jungstadium muschelförmig, breitet sich später aus und die Hutränder biegen sich aufwärts. Der Hutdurchmesser der erntereifen Pilze beträgt zwischen 5 und 30 cm. Der Stiel ist kurz, nicht in der Hutmitte, sondern seitlich angesetzt, fester als das Hutfleisch, am unteren Ende zäh. Er sollte – weil er längere Kochzeiten braucht – nicht mit den fleischigen Hüten zusammen verarbeitet werden.

Austernpilze lassen sich paniert braten, dünsten, schmoren, einfrieren und einmachen. Sie werden nicht geschält, sondern nach dem Entfernen der Stiele nur gewaschen. Haltbarkeit im Gemüsefach des Kühlschrankes: 4–5 Tage.

Austernpilze können als Heimkulturen auf Strohsubstrat gezogen werden. Bei Überempfindlichkeit auf die Pilzsporen nicht in geschlossenen Räumen, sondern nur auf Balkon oder Terrasse anbauen. Bei Heimkulturen wachsen Austernpilze einzeln oder in Büscheln nebeneinander auf der Substratoberfläche. Freilandkultur erfolgt auf Strohballen oder Holzstämmen.

Bei Ballenkultur wachsen die Austernpilze auf der Oberfläche einzeln oder in Büscheln nebeneinander, an den Seiten meist in Büscheln dachziegelartig übereinander. Erntemengen bei Strohballen-Kultur: 3–4 kg pro Ballen von Sommer- und Wintertyp. An Holzstämmen treten die Pilze teilweise einzeln, aber meist in dachziegelartig wachsenden Gruppen auf. Die Erträge bezogen auf die gesamte Kulturzeit betragen 20–30% des Holzgewichtes. Die Kulturdauer beträgt bei Weichhölzern 3–4 Jahre, bei Harthölzern 6–7 Jahre. Geeignet für die Kultur sind verschiedene Laubhölzer, einschließlich Obstbaumholz. Dabei sollte man Pfirsich, Pflaume, Schlehe, Steinobstsorten und zähfaserige Hölzer (z. B. Feldahorn, Hainbuche) nicht unbedingt verwenden. Gut geeignet, aber ertragsschwach sind Esche und Erlenarten.

Winteraustenpilze wachsen zwischen 5 und 15 °C, der Sommertyp zwischen 15 und 30 °C. Von Myzel durchwachsene Strohballen und Hölzer sind frostfest und können überwintern.

Austernpilz-Brut ist erhältlich in Gartenfachgeschäften, Gartencentern, Versandhandel (nur Sommertyp) und von Pilzfarmen (Sommer- und Wintertyp).

Während der Sommertyp weißlich bis hellbraun gefärbt ist (S. 118 oben), zeigt der Wintertyp eine graue bis graublaue Färbung (S. 118 unten).

Kurzporträts

△ Sommertyp ▽ Wintertyp

Kurzporträts

Shii-Take

Der Shii-Take *(Lentinus edodes)* ist hellbraun bis braun gefärbt und hat auf der Hutoberseite weißliche bis bräunliche Schuppen. Der Hutdurchmesser kann zwischen 5 und 15 cm betragen. Der Stiel ist weiß bis bräunlich, zwischen 3 und 10 cm hoch und kann mit den Hüten gemeinsam zubereitet werden. Der Shii-Take enthält medizinisch wirksame Inhaltsstoffe, die den Cholesterinspiegel im Blut senken und nachgewiesenermaßen das Wachstum von Influenza-Viren und Tumorzellen hemmen. Er enthält neben Spurenelementen vor allem die Vitamine B 12 und D 2, die zum Beispiel in grünen Pflanzen nicht vorkommen.

Dieser Pilz erscheint meist nur in wenigen Exemplaren, die jeweilige Erntemenge reicht selten für eine komplette Mahlzeit. Er wird aber wegen seines kräftigen Aromas auch in kleinen Mengen als Würzpilz für Suppen und Soßen verwendet. Er eignet sich gut zum Trocknen und als Pilzpulver. Der Shii-Take wird auf Laubholz angebaut (Rotbuche, Eiche, Spitzahorn gut geeignet, Birke mäßig). Ertragsmengen und -zeit entsprechen den Angaben wie beim Austernpilz. Auch diese Kulturen sind — nachdem das Myzel durchgewachsen ist — frostfest.

Kurzporträts

Stockschwämmchen

Das Stockschwämmchen *(Kuehneromyces mutabilis)* ist ein kleinerer Pilz, sein Hut wird 4, höchstens 10 cm im Durchmesser. Die Hutform ist im Jungstadium fast halbkugelförmig, bei etwas größeren Exemplaren gleicht die Form einer umgekehrten Schüssel. In der Hutmitte befindet sich eine kleine Erhebung. Die Farbe des Hutes ist goldgelb bis gelbbraun, die Hutmitte und die Ränder sind etwas dunkler gefärbt.

Die Stiele werden zwischen 4 und 10 cm hoch, sind etwas dunkler als die Hüte und holzig. Sie werden vor der Zubereitung abgeschnitten.

Stockschwämmchen besitzen ein kräftiges, würziges Aroma und eignen sich besonders gut als Würzpilze für Suppen und Soßen, zu Ragouts und Wildgerichten. Zum Trocknen und als Pilzextrakt sind sie sehr gut geeignet, im Kühlschrank (Gemüsefach) lassen sie sich 3–6 Tage aufbewahren; man kann sie auch einfrieren. Dabei verlieren sie allerdings ihre goldgelbe Farbe und werden braun. Zur Kultur eignen sich alle Laubholzarten mit Ausnahme von Steinobsthölzern. Die Stockschwämmchen erscheinen an den liegend eingegrabenen Hölzern meist in dichten Büscheln. Die Kulturen sind nach dem Durchwachsen frostfest.

Kurzporträts

Samtfußrübling, Winterpilz

Der Samtfußrübling *(Flammulina velutipes)* heißt im Volksmund auch Winterpilz, weil seine Fruchtkörper von September bis März erscheinen, also in den Wintermonaten. Die Pilzhüte sind hellgelb und haben in der Mitte einen dunklen Fleck. Im Jungstadium sind die Hutränder nach unten gewölbt, bei älteren Pilzen stehen sie gerade. Die Stiele sind in der vor Licht geschützten Einmachkultur weißlich mit einer samtartigen Oberfläche, dünn und zwischen 4 und 10 cm lang. Durch ein besonderes Verfahren bei der Heimkultur können die Stiele zu höherem Wachstum gebracht werden und bringen dadurch ein größeres Erntegewicht. Sie sind zusammen mit den Hüten zu verwenden.

Bei wissenschaftlichen Versuchen in Japan ist beobachtet worden, daß der Samtfußrübling das Wachstum von Krebszellen hemmt.

Angebaut wird der Samtfußrübling im Freien auf Laubholzstämmen. Wildwachsend wird er häufig im Wurzelbereich von Ginsterbüschen angetroffen. Heimkulturen können in Einmachgläsern oder weithalsigen Kunststoff-Flaschen auf einer Mischung aus Sägemehl und Weizenkleie angelegt werden. Natürlich ist der »Winterpilz« frostfest.

Schlußwort

Liebe Leser, dieses Buch soll für Sie eine handfeste, praktische Hilfe sein. Ich muß Ihnen an dieser Stelle gestehen: Ich bin wahrlich kein studierter Pilzkundler (Mykologe) und auch kein professioneller Pilzzüchter, sondern schlicht ein Hobbygärtner, wie Sie es wahrscheinlich auch sind.
Seit ich vor Jahren selbst begann, Pilze im eigenen Garten zu ziehen, habe ich ständig den Markt und neue Angebote beobachtet, habe immer wieder Fachleute befragt und mich unterrichtet, und ich habe am Anfang natürlich auch Fehler gemacht. Das soll Ihnen durch meinen Rat erspart bleiben. Ich war für Sie gewissermaßen ein »Vorarbeiter«, nicht mehr und auch nicht weniger. Einer allerdings, der Erfahrungen und Fehler, Tips und Ratschläge aufgeschrieben hat und an Sie weitergeben kann. Ich habe mich immer etwas geärgert, daß die meisten Kultur- und Gebrauchsanleitungen so knapp und lückenhaft sind, vieles Wissenswerte für Anfänger überhaupt nicht darin zu finden ist. Ich hoffe, daß ich diese Lücke für Sie schließen konnte.

Zum Schluß dieses Buches möchte ich mich bei allen bedanken, die mir Informationen, Ratschläge und praktische Hilfe gegeben haben. Auch bei meinem Nachbarn Hartmut Kirchner, der — weit entfernt davon, ein professionelles Fotomodell zu sein — bei der Entstehung der Fotos hilfreich und geduldig mitgeholfen hat.
Dank auch Marie-Luise Kreuter, der Autorin vieler im gleichen Verlag erschienener Biogarten-Bücher, in deren Garten ich für meine Versuche gastfreundlich einen Platz gefunden habe.
Nicht zuletzt bedanke ich mich bei all den Kollegen in Verlag und Druckerei, denen wieder einmal das Kunststück gelungen ist, aus einem Manuskript ein Buch zu machen.
Ihnen aber, liebe Leser, danke ich besonders gern dafür, daß Sie dieses Buch mit Geduld (hoffentlich) bis zum Ende gelesen haben und ich wünsche, daß Sie genug Interessantes und Nachahmenswertes gefunden haben, um mit Ihren eigenen Pilzen viel Freude und Erfolg zu haben.

Bezugsquellen

Die Angabe von Bezugsquellen an dieser Stelle kann – nicht zuletzt aus Platzgründen – nicht den Anspruch auf Vollständigkeit erheben. Sie stützt sich auch zum Teil auf eigene, gute Erfahrungen. Einige Artikel, wie zum Beispiel Champignonsubstrat, werden von Herstellern nur in größeren, für den Hausgebrauch nicht geeigneten Mengen versandt und sind mehr für gewerblichen Anbau bestimmt.
Die Nennung einiger Gartenversender bedeutet kein Werturteil.
Einzelne Gartencenter konnten nicht genannt werden, es wären für den Rahmen dieses Buches zu viele, das Angebot ist auch je nach Größe und regional unterschiedlich.

Direktverkauf in über 30 Gartencentern im süddeutschen Raum. Adressen im Katalog)

Fa. Hawlik Europilzbrut
82062 Großdingharting
Tel.: 08170/651
Weißer Champignon, Brauner Egerling, Austernpilz, Schopftintling (Alle Kulturen in Foliensäcken)

Garten-Quelle
90750 Fürth
Tel.: 0911/140
Weißer Champignon, Braunkappen

Komplettpackungen sind teilweise auch in örtlichen Gartencentern oder in Samenfachgeschäften entweder erhältlich oder können bestellt werden.

Komplettpackungen

Ahrens und Sieberz
Großversandgärtnerei
53718 Siegburg, Hauptstr. 436–440
Tel.: 02242/889111
Weißer Champignon,
Brauner Egerling

Dehner Gartencenter
Stammhaus 86640 Rain am Lech,
Postfach 1160
Tel.: 09002/770
Weißer Champignon, Brauner Egerling, Austernpilz-Heimkultur
mit Substrat und Anzuchtsack
(Entweder Versand über angegebene Adresse – Katalog anfordern – oder

Pilzbruten

Ahrens und Sieberz
(Adresse siehe unter »Komplettpackungen«)
Braunkappen, Austernpilz

Dehner Gartencenter
(Adresse unter »Komplettpackungen«)
Braunkappen

Hawlik Europilzbrut
(Adresse unter »Komplettpackungen«)
Brutmaterial für alle züchtbaren Pilze

Bezugsquellen

Günter Lange Pilzbrutversand
Am Käferbruch 13
50169 Kerpen-Brüggen
Tel.: 02237/1297
Austernpilz (Sommer- und Wintertyp), Braunkappen, Rillstieliger Seitling, Samtfußrübling, Schopftintling, Shii-Take, Stockschwämmchen, Südlicher Schüppling

E. Mangelsdorf Pilzbruten
Postfach 101653
45616 Recklinghausen
Tel.: 02361/25236
Braunkappen, Austernpilze, Champignons, Egerlinge, Samtfußrübling, Shii-Take, Schopftintling, Stockschwämmchen, Südlicher Schüppling, Violetter Ritterling

Firma Neudorff
Postfach 1209
31857 Emmerthal
Tel.: 05155/6240
Austernpilze, Braunkappen, Shii-Take (meist in Gartencentern und Fachgeschäften erhältlich, kann bestellt werden zur Frischlieferung, regionale Lieferadressen über obige Firmenanschrift)

Pilzbrut Dieskau
Bahnhofstr. 15
06184 Zwintschöna (bei Halle)
Tel.: 0345/5800203

Gärtner Pötschke
Postfach 2220
41564 Kaarst
Tel.: 02131/60010

Garten-Quelle
(Adresse siehe »Komplettpackungen«)
Austernpilz, Braunkappen

Schwarzwälder Pilzlabor
78132 Hornberg
Tel.: 07833/6300
Austernpilz, Braunkappen, Samtfußrübling, Shii-Take, Stockschwämmchen, Südlicher Schüppling, Rillstieliger Seitling

Sonstiges Zubehör

Blumentreppe: In Gartenfachgeschäften, Gartencentern. Im Versand bei Dehner und Gärtner Pötschke.
Pilzbeet: In Gartencentern oder direkt bei Fa. Neudorff bestellen.
Schneckenzaun Kunststoff und Metall: Dehner.
Folientunnel: In Fachgeschäften, Gartencentern, Gartenversendern.

Register

Austernpilze
- Heimkulturen 37
- Substrat 37
- im Sack 37 ff
- auf Strohsubstrat 47 ff
- Strohballenkultur 60 ff
- Ernte vom Strohballen 75
- auf Stämmen 91
- Kurzporträt 117

Beutelkultur 43

Braunkappen
- Komplettpackungen 22
- Anzucht in Komplettpackungen 29 ff
- Heimkultur 46
- Strohballenkultur 60 ff
- Ernte vom Strohballen 72
- Kurzporträt 116

Champignons
- Komplettpackungen 21
- Beschreibung 23
- Anzucht in Komplettpackungen 23 ff
- Substrat 43
- im Pilzturm 43

Durchwachszeit
- Braunkappen-Komplettpackung 35 ff
- Strohballen-Kultur 70 ff
- Stammkultur 99 ff

Egerlinge
- Komplettpackungen 21
- Beschreibung 23
- Anzucht in Komplettpackungen 23 ff

Ernten
- in Fertigpackungen 27
- vom Strohballen 72
- vom Holzstamm 108
- Verwertung 111 ff

Heimkulturen
- Hausmacherart 39
- Pilzturm 43 ff
- Beutelkultur 43
- Schopftintling 46
- Violetter Ritterling 46
- Behälter für Heimkulturen 48
- Winterpilze im Glas 53

Komplettpackungen
- Champignons 21
- Braunkappen 29 ff
- Austernpilze 22, 37
- Schopftintling 22
- Packungsbeschreibung 23
- Anzucht Champignons und Egerlinge 23 ff
- Lagern der Kulturen 35

Myzel
- in Fertigpackungen 23
- Durchwachsen bei Braunkappen 27, 35
- in Holzstämmen 103

Pilzbeet
- selbstgebaut 82
- käuflich 85 ff

Pilzturm
- allgemein 38
- Aufbau 43

Schädlingsabwehr
- Maden 77
- Schnecken 78 ff
- Schneckenzäune 80 ff
- Pilzbeet aus Schneckenzaun 82
- Pilzbeet, käuflich 85

Schwermetallbelastung
- bei Zuchtpilzen 14 ff

Strahlenbelastung
- bei Wildpilzen 16

Register

Shii-Take
- auf Stämmen 91
- auf Eichenholz 93
- Kurzporträt 113

Schopftintling
- Komplettpackungen 36
- Heimkultur 46

Stammkultur
- für Eilige 89
- was wächst auf Stämmen? 91 ff
- Holzarten und -qualität 92
- Impfmethoden 95 ff
- Kopfimpfung 95
- Bohrlochimpfung 96
- Schnittimpfung 98
- Durchwachszeit 99 ff
- Standort 105
- Pflege 108
- Ernte 108

Samtfußrübling
- im Glas 53 ff
- auf Holz 91
- Kurzporträt 121

Stockschwämmchen
- auf Holz 91
- Kurzporträt 120

Strohballenkultur
- geeignetes Stroh 60
- Wässern der Ballen 61
- Impfen der Ballen 64
- Standort 68
- Pflege 70
- Ernte 72 ff
- Sommer- und Winterkulturen 83 ff

Substrate
- Strohpellets 32
- Wässern 32
- für Winterpilze 53

Wässern
- in Komplettpackungen 26
- von Strohsubstrat 32
- von Strohballen 61

Winterpilze (siehe Samtfußrübling)
- im Glas 53 ff
- Kurzporträt 121

Verwertung 111 ff

Obst und Gemüse aus eigener Ernte

Karlheinz Jacobi/Dietrich Mierswa
Gärtnern unter Glas und Folie
Verschiedene Gewächshaus- und Frühbeetformen, Folien, Bauweisen, Einrichtungen, Zubehör, Beheizung; Anbau von Gemüse, Kräutern, Früchten, Blatt- und Zierpflanzen, Exoten und vieles mehr.

Marie-Luise Kreuter
Kräuter und Gewürze aus dem eigenen Garten
Anlage des Kräutergartens, Gestaltungsbeispiele, Kräuter- und Gewürzarten, Kompost, Düngung, Vermehrung, naturgemäßer Pflanzenschutz, Ernte, Aufbewahrung und Verwendung.

Martin Stangl
Freude und Erfolg im eigenen Obstgarten
Erfolgreicher Anbau von Kern-, Stein- und Beerenobst sowie von Nüssen: allgemeines Praxiswissen wie z.B. über Schnitt und Veredelung, spezielle Anleitungen für die einzelnen Arten.

Günther Liebster
Freude und Erfolg im eigenen Gemüsegarten
Anbau-Anleitungen für alle wichtigen Gemüsearten: Sortenauswahl, Anzucht, Pflege, Düngung, Pflanzenschutz, Ernte; Aussaat- und Pflanztabelle.

Martin Stangl
Gartenarbeit rund ums Jahr
Anschauliche und leicht nachvollziehbare Beschreibungen aller notwendigen Arbeiten im Zier-, Gemüse- und Obstgarten – vom Pflanzen und Pflegen bis zu Ernte und Lagerung von Obst und Gemüse; Arbeitskalender.

Martin Stangl
Tips und Tricks für Hobbygärtner
Das Geheimnis des gärtnerischen Erfolgs: Tips, Tricks und Kniffe für die Praxis – besonders anschaulich dargestellt; Arbeiten im Gemüse-, Obst- und Ziergarten; Geräte, Technik, Zubehör.

Im BLV Verlag finden Sie Bücher zu folgenden Themen: Garten und Zimmerpflanzen • Natur • Heimtiere • Jagd • Angeln • Pferde und Reiten • Sport und Fitneß • Tauchen • Reise • Wandern, Bergsteigen, Alpinismus • Essen und Trinken • Gesundheit, Wohlbefinden, Medizin

Wenn Sie ausführliche Informationen wünschen, schreiben Sie bitte an:
BLV Verlagsgesellschaft mbH • Postfach 40 03 20 • 80703 München
Telefon 089/12705-0 • Telefax 089/12705-543